W9-AUU-986

SP 613.2 BRU
Brun, Christian.
El poder psíquico de los alimentos :
cómo incrementar tu potencial
mental y espiritual] /

PALM BEACH COUNTY
LIBRARY SYSTEM
3650 Summit Boulevard
West Palm Beach, FL 33406-4198

Christian Brun

EL PODER PSÍQUICO
de los
alimentos

editorial irio, s.a.

Ninguna parte de esta publicación, incluido el diseño de la cubierta, puede ser reproducida, almacenada, transmitida o utilizada en manera alguna por ningún medio, ya sea eléctrico, químico, mecánico, óptico, de grabación o electrográfico, sin el previo consentimiento por escrito del editor.

Título original: LE POUVOIR PSYCHIQUE DES ALIMENTS
Traducido del francés por Miguel Portillo
Diseño de portada: Editorial Sirio, S.A.

© de la edición original
Editions Jouvence S.A.
Chemin de Guillon, 20
Case 143
CH-1233 Bernex (Suiza)
www.editions-jouvence.com
info@editions-jouvence.com

© de la presente edición

EDITORIAL SIRIO, S.A.	**EDITORIAL SIRIO**	**ED. SIRIO ARGENTINA**
C/ Panaderos, 14	Nirvana Libros S.A. de C.V.	C/ Paracas 59
29005-Málaga	3ª Cerrada de Minas, 501	1275- Capital Federal
España	Bodega nº 8 , Col. Arvide	Buenos Aires
	Del.: Alvaro Obregón	(Argentina)
	México D.F., 01280	

www.editorialsirio.com
E-Mail: sirio@editorialsirio.com

I.S.B.N.: 978-84-7808-571-2
Depósito Legal: B-13.531-2008

Impreso en los talleres gráficos de Romanya/Valls
Verdaguer 1, 08786-Capellades (Barcelona)

Printed in Spain

Si pudieras leer en mi corazón,
verías el lugar en que te he colocado.

Gustave Flaubert

Quiero poder amarte sin aferrarme,
apreciarte sin juzgarte,
encontrarte sin agobiarte,
invitarte sin insistencia,
dejarte sin culpabilidad,
criticarte sin censurarte,
ayudarte sin disminuirte.
Si quieres concederme lo mismo
entonces realmente podremos
reunirnos y ayudarnos a crecer mutuamente.

Virginia Satir

Dios mío, concédeme serenidad para aceptar
las cosas que no puedo cambiar,
valor para cambiar aquello que esté en mi mano
y discernimiento para conocer la diferencia.

Marco Aurelio

Nunca tales citas fueron tan verdaderas en mi presente
sentimiento hacia la que descansa para siempre,
pese a los múltiples obstáculos de la vida, aquella que
amo sencilla, sincera y profundamente y con quien deseo
cruzar el puente suspendido sobre un arcoiris.

Advertencia

El autor advierte expresamente que esta obra en ningún caso debe sustituir a una consulta o prescripción médica cuando ésta sea indispensable, ni a consejos naturopáticos o a un chequeo de salud, especialmente si es iridológico.

Además recomienda encarecidamente a médicos y naturópatas una colaboración estrecha, que no puede sino resultar fecunda y beneficiosa para el público y la investigación.

También advierte que esta obra no tiene otra ambición que la de ayudar al público y los estudiantes de naturopatía a no perderse en el dédalo de informaciones mediatizadas que atañen a la relación entre la alimentación y la salud psíquica.

Este libro no tiene la pretensión de ser único y suficiente, y su contenido tampoco es un conjunto de "pequeñas recetas" naturales aplicables por cada cual sin el consejo médico o naturopático.

Ni el autor ni el editor serán responsables de la mala interpretación de este escrito, ni de las consecuencias de una automedicación que de ningún modo se recomienda.

Cuando camines, limítate a caminar,
cuando te sientes, limítate a sentarte,
y, ante todo, no te agites.

Yun-Men

Prefacio

¿Por qué elegí un tema sobre el que disponemos en la actualidad de tan pocas referencias bibliográficas y científicas?

Simplemente porque he podido comprobar, a título personal y de un modo obviamente empírico, que tras ingerir determinados alimentos o bebidas me encontraba más o menos predispuesto a la reflexión intelectual, al debate, a la comprensión, al estudio, la escritura, la lectura, etc.

Así, pude pasar de un estado de conciencia a otro, de la tolerancia a la intolerancia, de la calma a la excitación, de la pasividad a la acción, del sopor al despertar, del optimismo al pesimismo, y a la inversa. Por último, y con frecuencia demasiado tarde, liberado de ciertas trabas alimentarias y emocionales, recuperé determinados valores morales y emocionales, auténticos... simplemente modificando los alimentos y las bebidas que tomaba.

Evidentemente, esos cambios de estado físico y psíquico, de conciencia de comportamiento social y afectivo resultan desconcertantes para el entorno próximo y pueden llegar a ser (como desgraciadamente ocurre a menudo) la fuente de una incomprensión y de una seudoincompatibilidad emocional, sentimental y afectiva. El arrepentimiento sincero no puede borrar esa incomprensión en el corazón de quien la ha padecido, mientras que las bruscas alteraciones de estado de ánimo se deben en parte a la absorción de determinados alimentos o bebidas.

Algunos dirán que la elección de estos alimentos conocidos como nutricionales corresponde a nuestro libre albedrío mental, y que si elegimos un alimento o bebida concreto es para enmascarar o modificar un cierto estado de malestar. Esto sólo es verdad parcialmente.

¿Qué fue primero, el huevo o la gallina? Esta pregunta aún no tiene respuesta, ni siquiera entre nuestros más eminentes pensadores y filósofos.

Por lo tanto, ¿hemos de iniciar una psicoterapia y aguardar los resultados para modificar nuestra alimentación, o debemos cambiar nuestra alimentación voluntariamente, con ayuda de la mente y la razón, y a continuación emprender una psicoterapia para consolidar esa toma de conciencia, esa responsabilidad personal indispensable para lograr una auténtica salud y vitalidad en lo más hondo de nuestras células más íntimas?

Poco importa el camino emprendido si el objetivo es el mismo: la sabiduría del cuerpo y el espíritu.

Os propongo observar en qué medida la elección consciente de la alimentación cotidiana puede modificar nuestro comportamiento emocional y afectivo, que a su vez condiciona nuestra salud mental en su conjunto.

Hay que actuar como un hombre de pensamiento y pensar como un hombre de acción.

Bergson

Introducción

En la actualidad nadie puede negar que nuestra alimentación desempeña un papel primordial en la prevención, incluso en el tratamiento de determinadas patologías que hoy se consideran normales. Entre ellas todos los trastornos digestivos, las dolencias cardiovasculares, el cáncer y otras enfermedades graves.

Entonces, ¿por qué asociar dos términos que a priori no parecen tener ninguna relación entre sí? De hecho, pocas personas sospechan la conexión existente entre la salud psíquica y mental y nuestra alimentación diaria. ¿Cuáles son los efectos y las relaciones íntimas entre nuestra alimentación, nuestro humor y nuestro comportamiento?

La idea de "tratar" las patologías psicológicas, y aun psiquiátricas, mediante la nutrición o los suplementos nutricionales engendra numerosas controversias. De hecho, la psicología y la psiquiatría clásicas consideran las emociones como manifestaciones de la mente, sin vinculación alguna con el cuerpo físico. En otras palabras, no habría ninguna relación entre nuestras emociones y nuestras células cerebrales.

Sin embargo, de este modo olvidamos que, desde el punto de vista del comportamiento, las propiedades de los alimentos se conocen desde hace tiempo. Así, *Eva fue la primera mujer en utilizar las virtudes de un alimento: la manzana que entregó a Adán.* Tampoco olvidemos la célebre frase de Hipócrates, médico del siglo v a. de C.: "Que tu alimento sea tu medicina".

En general, la gente cree que la alimentación, "el alimento cotidiano", sólo nutre nuestras células, con fines plásticos, energéticos y caloríficos, aun cuando cada uno de nosotros haya comprobado en reiteradas ocasiones que tras la ingestión de determinados alimentos nos encontramos más cansados, excitados o más propensos a la justa verbal o amorosa, a la introspección o incluso a la meditación; en definitiva, que nuestro estado psíquico resulta modificado, lo que claramente significa que los componentes de nuestra ración alimentaria pueden afectar a nuestro grado de concentración, memoria, excitación, agresividad, ansiedad, etc.

No sólo los componentes alimentarios son susceptibles de afectarnos al nivel mental; también hay carencias engendradas por una alimentación química, artificial, adulterada, que pueden constituir una fuente de perturbaciones mentales.

Para tranquilizar al lector, me apresuro a matizar que las manifestaciones mentales comprobadas a partir de carencias nutricionales se corrigen rápidamente variando adecuadamente la alimentación.

Evidentemente, la lista clásica y estereotipada de efectos físicos (plásticos, energéticos y calóricos) de los alimentos me parece un poco limitada, lo que explicaré a lo largo de la presente obra.

Los desórdenes psíquicos y mentales cuyo aumento comprobamos en nuestras sociedades supuestamente civilizadas tienen que ver principalmente con el concepto moderno de *estrés*, de problemas sociales, trastornos afectivos y emocionales... Y ese "estrés culpable", al que se acusa en todo momento, permite una cierta desculpabilización personal.

Como en muchos otros ámbitos, especialmente el social, político, religioso, médico..., ya no nos sentimos responsables de nuestros problemas (¿el culpable? ¡Es el otro!).

Y buscamos ejercer, por todos los medios, presiones mediáticas o personales para "cambiar al otro", porque él es el falible.

No obstante, en ningún caso planteamos el problema en otros términos; porque no hemos sabido expresar claramente lo que sentimos en lo más profundo de nuestras células.

Esta falta de expresión de lo que sentimos es el reflejo de la picota social en la que todos hemos sido educados y en la que nos debatimos permanentemente. Vivimos y mantenemos una sociedad basada en las prohibiciones, las represiones, la idea de poder y un código moral... en todos los niveles de la vida profesional, familiar y afectiva, y ello al margen de si somos o no creyentes, porque independientemente de lo que se diga, todos hemos recibido una educación judeocristiana.

Sin embargo, ignoramos que nuestra alimentación también desempeña un papel importante, incluso crucial, en las enfermedades que se suponen mentales y psíquicas, así como en nuestros comportamientos cotidianos.

Señalemos enseguida que una alimentación defectuosa no basta para engendrar, por sí misma, manifestaciones patológicas, así como el estrés no basta para ocasionar desórdenes psíquicos.

Si así fuera, ¿cómo explicamos por qué con un nivel de estrés semejante (nuestras condiciones de vida son sensiblemente las mismas) todos nuestros conciudadanos no están mentalmente enfermos? Aunque... ¿no podemos considerar que en cierto sentido todos somos desequilibrados mentales y psíquicos? Sólo hay que mirar a nuestro alrededor (nuestro orgullo y egocentrismo nos impide aceptar que nosotros mismos formamos parte de ese círculo), escuchar o mirar los telediarios: ¿qué vemos y escuchamos? Robo, crimen, disturbios, violaciones... ¡Cómo resistir, en este caso, el deseo de escribir y gritar que todos somos enfermos mentales y psíquicos, y que lo ignoramos!

Así pues, existe un factor suplementario para que ese "famoso estrés" provoque efectos devastadores en nuestras facultades psíquicas. Este factor es el "sustrato", que puede adquirirse a lo largo de la vida o recibirse hereditariamente.

No padecemos el futuro, lo construimos.

Georges Bernanos

He decidido ser feliz porque es bueno para la salud.

Voltaire

*No heredamos la tierra de nuestros ancestros,
la tomamos prestada de nuestros hijos.*

Antoine de Saint-Exúpery

El *sustrato*

Para desarrollarse, germinar y crecer adecuadamente, los árboles, las frutas, las verduras y las plantas necesitan un sustrato, y cada uno posee su sustrato personal y exclusivo, su terreno predilecto.

Con sus miles de millones de células (10^{14}), el cuerpo humano también exige un sustrato favorable que le proporcione las vitaminas, oligoelementos, enzimas y otras sustancias necesarias para su crecimiento y vitalidad, y para mantenerse con una buena salud física y psíquica.

Por lo tanto, existe un sustrato orgánico ideal, como existe un terreno o una diátesis de orientación patológica.

¿Qué es el sustrato?

El sustrato está representado por el conjunto de los líquidos humorales, es decir, alrededor del 70% del peso corporal total. Estos líquidos son la sangre, la linfa y el suero intracelular.

Si queremos ser puntillosos, convendría añadir a esta idea la de *sustrato psicológico*. De hecho, el sustrato psicológico ejerce una influencia preponderante en la calidad de los humores — ¿acaso el buen sentido popular no afirma aquello de *hacerse mala sangre* o *quemarse la sangre*?

En la actualidad es un hecho científicamente demostrado que todas las situaciones estresantes permiten la liberación de adrenalina y catecolaminas en los vasos sanguíneos, lo que aumenta la coagulación sanguínea y a largo plazo puede originar una trombosis, es decir, la obturación por un coágulo sanguíneo. Entonces tiene lugar el infarto de miocardio o el accidente cerebral.

También sabemos que el conocido estrés provoca una importante segregación de sustancias químicas en el organismo, bautizadas como neurotransmisores, una de cuyas propiedades consiste en contraer las fibras musculares lisas del tubo digestivo. De ahí puede derivar un espasmo del esófago... en cuyo caso sentiremos una bola en la garganta o en el estómago, que no podemos tragar...

El sustrato psicológico también ejerce una influencia en la nutrición celular y en la activación de nuestros filtros bio-emocionales. Así, por ejemplo, observamos un gran número de personas resfriadas porque padecen un estrés excesivo o están preocupadas psicológicamente –la fuerza vital necesaria para el buen funcionamiento de nuestros órganos de eliminación se encuentra acaparada por el córtex (cerebro pensante).

Sustrato = sustrato adquirido + sustrato hereditario humoral + sustrato genético + sustrato psicológico

— *Sustrato adquirido:* desde el día del nacimiento extra uterino hasta el día de hoy.

— *Sustrato hereditario humoral* (muy a menudo ignorado voluntaria o involuntariamente): nacemos con un determinado potencial de atoramiento que varía según las personas (gracias, mamá, gracias, papá).

— *Sustrato genético:* representa las predisposiciones genéticas memorizadas en nuestros miles de millones de células; está inscrito en ellas y es indeleble, pero no inmutable. Podemos aprender, y ésta es una de las funciones de la naturopatía holística, a administrarlas de un modo adecuado y vivir correctamente.

Ejemplo: el antígeno HLA B27 es un antígeno tisular que predispone a los reumatismos, pero no es inmutable, es decir, con una alimentación adecuada nunca contraeremos reumatismos articulares.

Al margen de su naturaleza, una modificación de la composición ideal de este sustrato aleja nuestras células, y por lo tanto nuestros órganos y funciones, así como nuestro organismo..., del estado normal de salud.

Asimismo, hemos de conceder una gran importancia a los *grandes síndromes premonitorios*, es decir, a las mínimas actitudes que permiten prever y tomar las disposiciones útiles a tiempo.

En general, estas señales premonitorias se consideran benignas. Así, en el caso de patologías mentales y psíquicas, encontramos, por ejemplo: *insomnio agudo o crónico, despertar nocturno sin causa aparente, dificultad para volver a conciliar el sueño, nerviosismo, irritabilidad, agresividad, tendencia a apretar las mandíbulas, dolor de cabeza, intolerancia hacia los demás, ansiedad exacerbada, pérdida de memoria, deseo permanente de llorar, tristeza, agitación estéril, exigencia afectiva o profesional frente a los otros...*

*Hay que pensar y luego actuar,
pero nunca reaccionar.*

El *estrés*

¡Innegablemente, el estrés es un tema que ha hecho correr ríos de tinta! Sin embargo, es útil que aquí mencionemos el papel preponderante del estrés –o más bien de sus diferentes tipos– en la génesis de las patologías mentales y su influencia en el conjunto de nuestros órganos. Es una evidencia que hace que muchos lo consideren como la causa esencial de todas nuestras enfermedades.

De esta concepción nació una rama de la medicina: la *psicosomática*, es decir, el estudio de la influencia extraordinaria de la mente en el soma (el cuerpo físico).

Esta asunción –aunque un tanto exagerada– contiene cierta verdad. Conviene no olvidar que también hay una influencia importante del soma (cuerpo físico) sobre la psique (la mente): la somato-psíquica.

Hacia 1950 los trabajos del canadiense Hans Selye popularizaron la palabra "estrés", hasta el punto de que en Francia, como en los otros países industrializados, el 80% de las personas encuestadas sitúan el estrés en el primer lugar en la jerarquía de sus molestias.

Desgraciadamente, en la actualidad este término ha perdido su significación primera. Ahora es sinónimo de "metro-trabajo-cama", gritos, ruido, jaleo, desempleo, divorcio, duelo, etc.

Sin embargo, esto es simplemente olvidar que, por ejemplo, una enfermedad o el consumo del alcohol constituyen un ejemplo de estrés; otro tanto ocurre con el empleo de drogas como el tabaco u otras.

De hecho, la reacción obtenida no es sino la respuesta a una agresión determinada. Se ha demostrado que todas las agresiones, independientemente de si son microbianas, físicas o psíquicas, desencadenan reacciones idénticas.

Así pues, el estado de estrés constituye el conjunto de esas reacciones, que reflejan el modo en que el organismo se defiende de la agresión. Advertimos que si ese estado perdura largo tiempo, el organismo deja de defenderse: es lo que se conoce como agotamiento biológico.

Por esta razón podemos afirmar que las emociones y el estrés nos hacen enfermar. Entonces, ¿hay que curar el espíritu para curar el cuerpo?

¿Qué alquimia sutil liga el cuerpo y el espíritu? ¿Y cómo una enfermedad puede ser el eco de un estado de angustia o desamparo moral, afectivo o emocional? ¿Cómo uno o varios shocks *psicológicos, es decir, el estrés relacionado con el duelo, el divorcio, el desempleo, vividos con angustia..., en definitiva, conflictos a menudo no resueltos, pueden llegar a hundir nuestro estado psíquico y desencadenar una determinada patología físico/psíquica?*

Recordemos la famosa expresión del profesor Raymond Vilain:

"El psiquismo bebe... y el organismo brinda".

Diréis que el estrés no es tan negro y negativo como normalmente se pinta. ¡Claro que no!

Lo importante no es lo que nos sucede, sino el modo en que respondemos mental y emocionalmente.

La reacción biológica

Toda emoción se traduce en una respuesta del cuerpo, en una movilización del sistema neuroendocrino. La naturaleza y el tiempo de las emociones y el estrés varían según las diferentes situaciones, y la cualidad de la respuesta también varía, así como la proporción de diversas sustancias: los córtico-esteroides, la adrenalina y las hormonas sexuales.

Las modificaciones fisiológicas que supone una emoción o una situación de estrés pretenden asegurar la coordinación de la actividad de los diferentes órganos indispensables para responder a ese estado de alerta.

En algunas situaciones tiene lugar una movilización general: el cerebro activa todos los recursos del organismo para preparar la acción; no hay tiempo para analizar la situación...: hay que actuar. Pero esta movilización general no dura mucho; enseguida se afina la respuesta.

Para conocer la reacción biológica ante el estrés conviene estudiar el eje hipotálamo-hipófisis-córtico-suprarrenal.

De hecho, el punto de partida del conjunto de las reacciones frente al estrés parte de una pequeña zona en la base del cerebro, el centro de coordinación neuroendocrino, la plataforma psicosomática que sirve de intermediario en la expresión de las emociones: el *hipotálamo*.

Esta zona centraliza las informaciones de todos los órganos de los sentidos y se puede considerar, por lo tanto, como el centro de la somatización.

Además, en el interior de nuestro cerebro existe un circuito entre el hipotálamo y el córtex (sede de nuestros pensamientos) y el sistema límbico (que dirige nuestras emociones). Este circuito explica claramente por qué nuestros pensamientos y emociones influyen considerablemente en nuestro organismo (psicosomático) y a la inversa (somato-psíquico).

Asimismo, señalemos que el sistema nervioso autónomo (sistema neurovegetativo o simpático) empieza en el hipotálamo, que actúa como regulador. El hipotálamo también controla una glándula, la hipófisis, que dirige todo el sistema glandular mediante neurosecreciones.

La reacción del sistema nervioso autónomo

El sistema nervioso autónomo agrupa dos sistemas antagónicos pero complementarios: el ortosimpático y el parasimpático que, entre los dos, aseguran el funcionamiento del organismo.

El *sistema ortosimpático* (simpático) se encarga de la movilización de la energía y de su distribución a los órganos que la requieren. También acelera el metabolismo y segrega dos mediadores químicos: la acetilcolina y la noradrenalina. Estos dos neurotransmisores permiten, mediante una serie de fenómenos:

- El flujo de sangre en el encéfalo (cerebro, cerebelo, bulbo raquídeo), el corazón, los pulmones y los músculos. La sangre se redistribuye en los órganos que desempeñan un papel prioritario en la respuesta al estrés.
- En el nivel hepático, una liberación del glicógeno, acumulado en forma de glucosa y que los músculos pueden utilizar directamente.
- En los tejidos adiposos, la grasa se hidroliza en ácidos grasos y glicerina.
- Se acelera la respiración, se dilatan los bronquios; mejora la oxigenación de la sangre.
- Aumenta el ritmo cardíaco, crece la presión arterial y aumenta el diámetro de los vasos sanguíneos, permitiendo así una mejor irrigación de los músculos esqueléticos, que disponen de una mayor cantidad de energía para asegurar la supervivencia ante el peligro presente. Es el *fight or flight* –pelea o huye– de Walter Cannon.

Contrariamente a la respuesta del sistema endocrino, la del sistema nervioso autónomo es muy rápida.

El *sistema parasimpático* asegurará el regreso a un funcionamiento normal. Desempeña preponderantemente la función de conservación de la energía: suaviza el ritmo respiratorio, el metabolismo basal y la presión sanguínea.

En ocasiones puede producirse una sensación de "brazos que caen", de agotamiento o debilidad.

El sistema parasimpático actúa durante el sueño nocturno y natural; nos permite recuperar la energía vital y reconstituir nuestras reservas energéticas.

El estrés es un poderoso perturbador del sueño.

El equilibrio nervioso tan buscado es el resultado lógico de una alternancia equitativa entre la actividad del sistema ortosimpático y el parasimpático.

En el caso del estrés, se produce un agotamiento del ortosimpático; el parasimpático se encuentra confundido, no logra reaccionar: es la conocida distonía neurovegetativa.

La reacción del sistema endocrino

Conjuntamente, y siempre por mediación del sistema nervioso autónomo, las glándulas suprarrenales (médulo-suprarrenales) entran en acción con la secreción de catecolaminas, cuya actividad es semejante a la del sistema nervioso autónomo.

Se dice que estas hormonas presentan propiedades simpático-miméticas: modifican la presión arterial, el diámetro de los vasos sanguíneos, el ritmo cardíaco, la dilatación de la pupila y la sudoración... Pero el sistema endocrino entra en juego a fin de lograr una respuesta más estable y duradera. No obstante, la movilización de este último es más lenta que la del sistema nervioso autónomo, pero sus efectos, aunque tardan quince minutos en hacerse presentes, duran muchas horas.

Así pues, quien quiera conducirse adecuadamente tendrá que encontrarse

bien en su cabeza...
bien en su cuerpo...
¡bien en su corazón!

No entraremos en el estudio de los denominados *cuerpos sutiles* para no confundir nuestra exposición. Lo que no significa que tengamos que "ocultarlos". Ellos serán objeto de una próxima obra.

A quienes afirman que la "psique" lo es todo responderemos que, en términos absolutos, tienen razón... De hecho, ¿quién posee el libre albedrío a la hora de elegir nuestros alimentos? ¡Nosotros, es decir, nuestra mente!

Pero ¿acaso esa mente es lo bastante sabia como para elegir conscientemente buenos alimentos que la nutran?

Ayudémosla eligiendo selectivamente ciertos alimentos que le permitirán un mejor funcionamiento y un rendimiento cualitativo y cuantitativo.

Amor, placer, gozo, compartir,
la liberación de la culpa, la aceptación
y el sentimiento expresado son los ingredientes
indispensables que hemos de reunir conscientemente
para lograr la receta de la Felicidad.

Alimentación y
salud *psíquica*

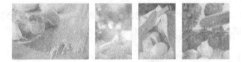

Tras señalar cómo la mente, agredida por el estrés de diferente forma e intensidad, puede influir en nuestro soma, veamos ahora cuál puede ser la relación entre nuestra alimentación y nuestra salud psíquica y del comportamiento.

> *Cada alimento que ingerimos y cada bebida que tomamos actúan sobre nuestras facultades mentales. Somos lo que comemos y bebemos, física y psíquicamente.*

¿Cuántos de nosotros buscamos el equilibrio armonioso entre la salud física y la psíquica? ¿Acaso éste no es el objetivo de todo ser humano? Desgraciadamente pocos lo consiguen, porque ignoran que nuestra alimentación cotidiana desempeña un papel preponderante en el funcionamiento de nuestras facultades psíquicas.

¿Cómo pueden influir los alimentos en nuestro comportamiento? ¿Hasta qué punto estamos envenenados por los productos químicos? ¿Cuáles son los enemigos alimentarios de nuestros nervios y nuestra salud psíquica en general?

Éstas son las preguntas fundamentales que nos permitirán elucidar el vínculo entre la alimentación y la salud psíquica, especialmente cuando sabemos que vivimos en un mundo donde el equilibrio psíquico es cada vez más raro: más de la mitad de las camas de hospital están ocupadas por personas que padecen trastornos psíquicos.

Obviamente, los cuatrocientos millones de medicamentos vendidos cada año no cambian este estado de cosas.

Para la Organización Mundial de la Salud, la depresión se ha convertido en un reto capital de la salud pública. Más de la tercera parte de la humanidad será víctima de trastornos depresivos.

Según ciertas evaluaciones (Crédes, Centro de investigación, estudio y documentación en economía de la salud), en 1999 el 15% de los franceses (el 3% en los años setenta) ya habían sufrido trastornos psíquicos o depresivos, o aún los padecían, y el número de suicidios aumenta constantemente (12 000 al año).

Siempre según las estadísticas, uno de cada diez franceses se encontrará deprimido y consumirá medicamentos de la familia de los tranquilizantes, antidepresivos o psicotropos.

El 11,3% de los franceses toman psicotropos regularmente; el 7,3%, tranquilizantes; el 3,6%, somníferos; el 2% antidepresivos y el 0,7% antipsicóticos (*L'Express* del 18 de julio del 2000).

Y la medicina clásica –hay que reconocerlo–, psicoanalítica o psiquiátrica se muestra cada vez más desconcertada ante estos estados de comportamiento especiales que afectan a uno de cada siete hombres y a una de cada tres mujeres.

¿Por qué las mujeres se ven más afectadas que los hombres?

Un estudio desarrollado en Estados Unidos tal vez arroje ciertas explicaciones: "La toma de tranquilizantes a menudo empieza debido a trastornos funcionales originados por diferentes tipos de estrés y, a continuación, las mujeres siguen tomándolos porque encuentran difícil mantener su papel como madre, esposa, ama de casa y empleada".

Siempre en Estados Unidos, un anuncio que incita a los médicos a prescribir tranquilizantes proclamaba hace ya unos años: "No puedes liberarla, pero sí ayudarla a que se sienta algo mejor".

¡Qué opinión tan superficial... y qué facilidad para recetar medicamentos que son menos inofensivos de lo que se dice! De hecho, todas las terapéuticas farmacéuticas se revelan casi siempre insuficientes, inútiles, ineficaces e incluso peligrosas para modificar los trastornos psíquicos.

¡Treinta millones de franceses se gastan dos mil millones de euros en medicamentos... de venta libre! Datos tanto más desconcertantes cuanto que sabemos que el 20% de los enfermos admitidos en las urgencias hospitalarias lo son a causa de intoxicaciones debidas a la ingestión de medicamentos sin control.

Todos deberíamos saber que la aspirina, por ejemplo, interactúa mal con los anticoagulantes y los medicamentos contra el infarto y la diabetes, que las vitaminas B están contraindicadas en asociación con los productos contra el Parkinson o que la vitamina C (cuyo consumo se dispara con la llegada del invierno) modifica los resultados de ciertos exámenes de sangre y de orina.

Los psicotropos representan un volumen de negocio anual de dos mil millones de euros. El año pasado se vendieron sesenta y ocho millones de unidades de tranquilizantes, sesenta y cuatro millones de somníferos y cuarenta y ocho millones de antidepresivos.

El Prozac® es el antidepresivo más recetado. En la actualidad se considera que se distribuye en más de cien países y que lo consumen treinta y ocho millones de personas.

Estas cifras convierten a nuestro país en el número uno mundial en materia de consumo medicamentoso, antidepresivo, contra la angustia y la ansiedad, un récord que Francia batiría holgadamente, tanto más cuanto que, según una encuesta realizada en París, sabemos que el 18% de los niños menores de siete años toman tranquilizantes regularmente. Algunos ejemplos:

- El conocido Théralène®, de venta libre, que las propias mamás recetan: ese sirope de sabor agradable (caramelo o frambuesa) es un poderoso antialérgico. Ahora bien, cuanto más activo es un medicamento en las patologías alérgicas, más sueño provoca... ¡y lo toman los bebés!
  Inconvenientes: sequedad de boca, vértigos, fotosensibilización.
- El segundo calmante en el *hit parade* es el célebre Valium®, esta vez recomendado por los pediatras; es el tranquilizante que más se aconseja usar en Francia, y también en este caso somos los campeones del mundo... incluso por delante de Estados Unidos.
  Inconvenientes: hipotonía muscular, sensación de ebriedad...
- El número 3 del *top* 50 de los calmantes infantiles es el Nopron® (somnífero para niños): si tu hijo no se porta bien, se acabaron las azotinas "traumatizantes". ¡Dale una cucharada de Nopron® a discreción... y se quedará tranquilo como un santo! ¡O más bien estará tan atontado que ya no lo escucharemos, será un zombi!
  ¡Una ventaja suplementaria que demuestra el carácter inocuo de este producto es que su venta es libre!

Todos sabemos que los largos tratamientos con barbitúricos (tranquilizantes, también llamados ansiolíticos), antidepresivos y neurolépticos tan sólo aportan un alivio provisional y artificial, pero al precio de una intoxicación medicamentosa cuyos efectos iatrógenos se experimentan durante muchos meses o incluso años después; sin olvidar la dependencia del deprimido respecto al o a los medicamentos.

¡Tampoco olvidemos el estado de abatimiento y apatía de las personas sometidas durante meses o años a este tratamiento para caballos!

Así pues, uno de los problemas más graves que plantean los hipnóticos y tranquilizantes es el hábito y la dependencia.

El número de personas dependientes de los medicamentos psicotropos se cuenta por decenas de miles. Representan el grupo de intoxicados más importante, inmediatamente después de los alcohólicos, y es entre cuatro y seis veces superior al de los toxicómanos clásicos.

Nuestros políticos, siempre buscando el voto en las elecciones, aún no se han preocupado por esta lacra... Que sirva como aviso a quienes quieran fundar un nuevo partido político.

Ninguno de estos medicamentos actúa exclusivamente en la causa de las disfunciones del comportamiento, y la mayor parte de ellos presenta una serie de efectos secundarios indeseables, desagradables e incluso peligrosos.

En mi opinión, creo que el pavoroso incremento de las enfermedades mentales y nerviosas se debe a nuestro modo de vida, y más concretamente a nuestra alimentación y al comportamiento que adoptamos cuando comemos (cólera, excitación, rencor, tristeza...).

De hecho, nos alimentamos con productos empobrecidos, desnaturalizados, desequilibrados, químicos, adulterados, degradados y muertos. No sólo no son adecuados para nutrir correctamente nuestro organismo y nuestra mente, sino que además son tóxicos.

Lo digo alto y claro: en ciertas circunstancias, los alimentos y los aditivos químicos tienen la facultad de forjar la personalidad y modificar el comportamiento. Algunos de estos productos incluso permiten acceder a niveles de conciencia especiales.

Evidentemente, aquí hemos de tener en cuenta los efectos acumulativos. Un régimen con alimentos que contengan elementos químicos que estimulan la somnolencia (por ejemplo, el triptófano), como el plátano, la leche, el pavo o la piña... absorbidos diariamente, engendrará un estado físico y psíquico en correlación con una cierta somnolencia o incluso una cierta apatía mental.

Hemos de recordar que los alimentos son compuestos químicos y que el ser humano, desde el punto de vista físico, también es una criatura química. Los alimentos que ingiere ejercerán una determinada influencia en todos sus niveles, físico, psíquico y espiritual.

Es posible modificar el comportamiento a partir de la elección nutricional; sin embargo, conviene recordar que "cada ser humano es único" (profesor Jean Dausset) y que las reacciones fisiológicas o psicológicas varían de un individuo a otro.

Podemos considerar que los alimentos actúan químicamente, como las drogas (alcohol, tabaco, marihuana, coca, peyote, etc.) y que pueden, con efectos menos marcados, influir en nuestra personalidad y comportamiento, que acabarán modificándose de un modo permanente.

Así, determinados alimentos pueden actuar (según la dosis) como antidepresivos, otros como un estimulante creativo o como estimulante o inhibidor sexual...

Si tomamos, por ejemplo, el caso del café, será necesario tomar dos o tres tazas antes de experimentar los efectos tónicos, excitantes; así serán precisas entre dos o tres piezas de nuez moscada (que contiene miristina) para sufrir alucinaciones. Sin embargo, la nuez moscada espolvoreada ligeramente es una especia euforizante y estimulante.

De ahí a decir que determinados comportamientos nacionales son el resultado de ciertos regímenes alimentarios casi institucionalizados... ¡sólo hay un paso!

Por lo tanto, la alimentación ejerce una poderosa influencia en nuestro estado psíquico, y elegir el régimen alimentario en función de los efectos deseados es lo que de un modo innovador podríamos denominar *alimentación creativa*.

Toda verdad pasa por tres etapas:
en primer lugar es ridiculizada.
A continuación, se pone en duda con violencia.
Finalmente, se acepta
como evidente.

Arthur Schopenhauer

Empieza a ser tú mismo y no vivas
como querrían verte vivir.

Jan Van Helsing

Alimentación *creativa*

Por supuesto, esta nueva concepción nutricional sólo puede interesar y complacer a los médicos naturópatas.

Imaginemos a un hombre de unos cincuenta años, que padece los habituales trastornos de la hipertensión arterial. Sedentario y amante de la "buena carne", pese a su medicación clásica que le recetan desde hace unos seis meses (Sectral®) y su cortejo de efectos secundarios (depresión, sexualidad perturbada...), su presión arterial siempre es superior a la normal, y los síntomas como dolores de cabeza, agotamiento físico y psíquico o trastornos visuales aún persisten; este hombre se muestra insatisfecho con su vida presente.

Tras el cuestionario sabemos que cada mañana este hipertenso consume una o dos tazas de café negro junto a algunas rebanadas de pan con mantequilla. A las diez de la

*mañana, de acuerdo con ciertas lecturas "naturópatas" (!),
toma un yogur y un plátano.*

*En la comida del mediodía, se decanta por los embutidos,
las vísceras (riñones, hígado, corazón, molleja...) cocinadas con nata, o por la carne de buey. Le gusta concluir la
comida con un queso fermentado, y prefiere regar sus
almuerzos con vino tinto o cerveza.*

*Por la noche la comida es más frugal y está compuesta
esencialmente por queso (fermentado), con un poco de
arroz condimentado con salsa de soja.*

*También adora el chocolate en todas sus formas, y lo con-
sume con el pretexto de que le ayuda a fumar menos.*

Así pues, ¿qué podemos pensar de esta alimentación que
podríamos definir, sin dudar, como anárquica y poco propicia para
recuperar la salud y la vitalidad, así como para disminuir la tensión
arterial? Si observamos con lupa todos los ingredientes de esta
alimentación, comprobamos fácilmente que:

- el café y el chocolate son excitantes que elevan la tensión
  arterial;
- el plátano, los embutidos, las vísceras, la carne de buey, la
  nata, la cerveza, el vino, el queso fermentado y la salsa de
  soja contienen un aminoácido: la tiramina, que también
  incrementa la tensión.

Debido a efectos de reiteración y acumulación, la alimentación diaria de este hombre mantiene su presión arterial alta, con
consecuencias patológicas físicas pero también psicológicas.

Otro caso ilustrará la incidencia de la alimentación en la
génesis de ciertos estados psicológicos particulares:

Una joven se queja de sufrir náuseas, de estar "por los suelos" y en las nubes, apática, mentalmente embotada y en un estado más o menos depresivo. Su alimentación habitual contiene:
- *mañana: leche con azúcar y pan con mantequilla*
- *10 horas: plátano*
- *mediodía: ensalada verde (lechuga), hortalizas (especialmente coles en todas sus variedades; ha leído sus propiedades y las consume con más frecuencia), pollo o pavo (no le gusta la carne roja)*
- *noche: ensalada verde (lechuga), patatas al horno o al vapor, huevos pasados por agua o tortilla, plátano.*

Sencillamente comprobamos que todos estos ingredientes estimulan la relajación y el sueño. Además, algunos, como las coles, ejercen una acción antitiroidiana.

Por supuesto, el terapeuta debe contemplar otras causas para sus problemas y recomendar eventualmente una psicoterapia, pero teniendo en cuenta que esa técnica será más eficaz si simultáneamente se corrige su alimentación.

Una vez más, la idea de la colaboración entre facultativos médicos y no médicos, especialistas y no especialistas, sólo puede ser saludable para el paciente y el ejercicio de nuestro arte común, aunque revista formas diversas: la salud/vitalidad y la no salud/enfermedad.

Toda enfermedad es en realidad una expresión del inconsciente, un lenguaje físico que traduce... simbólicamente, aquello que no nos atrevemos a decir o aun a pensar.

Doctor Georg Groddeck

En los estadios últimos, el cuerpo se suicida sin pedir permiso a la conciencia...

Doctor Henri Laborit

Nociones
fisiológicas *elementales*

El cerebro

Nuestro cuerpo permanecería inerte si nuestro cerebro no lo controlara, coordinara, guiara y armonizara; éste se vincula con el organismo mediante el sistema nervioso.

Para comprender nuestro propósito, ante todo nos conviene estudiar sucintamente un órgano prodigioso: el cerebro.

Por su mero aspecto no podemos imaginar que es la sede de la inteligencia y de la sensibilidad.

El cerebro se divide en circunvoluciones en las que se han localizado ciertos centros motores o sensitivos que atañen a las diferentes partes del cuerpo.

Tras un gran debate en el siglo XIX, que opuso los "localizacionistas" a quienes por el contrario afirmaban que el cerebro funcionaba "como un todo", Broca dio la razón a los primeros en 1861, localizando la zona del lenguaje en un sector específico del hemisferio cerebral izquierdo.

Sin embargo, a pesar de los más recientes descubrimientos en este ámbito, el cerebro conserva algo de misterioso... ¡De hecho, siempre nos hemos encontrado en la imposibilidad de situar el pensamiento anatómicamente! ¡Por suerte, porque ciertos investigadores de cortas miras se creerían investidos de poderes casi divinos y actuarían para sojuzgar mentalmente a sus conciudadanos con el fin de lograr el poder financiero y psicológico!

¿Es el cerebro el órgano del pensamiento o sólo el instrumento? ¿Produce el pensamiento, al igual que el hígado segrega la bilis? Esta es la polémica entre materialistas y espiritualistas. En lo que a nosotros respecta, creemos que el cerebro es el instrumento del espíritu, como el violín es el instrumento del músico.

El cerebro es el órgano más irrigado del organismo. Unos 2000 litros de sangre pasan por ese órgano cada 24 horas, es decir, unas 400 veces la masa sanguínea. La sustancia gris dispone, pues, de una red de capilares especialmente elevada.

Como todo órgano que desarrolla una actividad, el cerebro recibe una mayor cantidad de sangre durante, por ejemplo, el trabajo intelectual.

Se han realizado experimentos que confirman estas afirmaciones: *si hablamos a un hombre tendido en una plancha hipersensible, en equilibrio (principio de la balanza), el aparato se inclina rápidamente del lado de la cabeza, lo que demuestra que hay un flujo de sangre al cerebro...*

Un cerebro que no trabaja se debilita, como cualquier otro órgano. *Así, el cerebro se debilita durante el descanso nocturno, natural y profundo, así como con la actividad de soñar.*

Recordemos también que nuestro cerebro está formado por miles de millones de células (neuronas) que no se tocan: se comunican mediante un punto de unión conocido como sinapsis, que es un espacio en el que se vierten sustancias químicas: los neurotransmisores o neuromediadores.

Así pues, somos enteramente responsables de proporcionar a nuestro organismo –en concreto al cerebro y los nervios– los elementos nutritivos para obtener un equilibrio, una salud mental y psíquica perfecta. Junto al estrés de todo tipo, observamos la importancia de la alimentación en la génesis de determinadas patologías mentales.

Ciertos desórdenes psíquicos mejorarían ostensiblemente mediante una reforma de la alimentación.

"Sin embargo, lo que piensa el cerebro respecto a lo que come es fundamental. Si no se encuentra satisfecho, saciado, su funcionamiento se perturbará. Ya no puede asegurar correctamente la coordinación del cuerpo ni la del pensamiento, y aún menos la del placer. El cerebro debe ser bien alimentado" (Jean-Marie Bourre, *La diététique du cerveau*, éd. Odile Jacob).

En otras palabras, el concepto de placer también es primordial en este caso.

Primera experiencia: dos grupos de niños
- Primer grupo: niños "retrasados" y mal alimentados aumentan su CI (coeficiente intelectual) en diez puntos tras una modificación en su alimentación diaria.
- Segundo grupo: niños "normales", pero alimentados anárquicamente, aumentan en dieciocho puntos su CI tras un cambio en su alimentación.

Segunda experiencia que confirma nuestra afirmación perfectamente
- En Texas se realizó una encuesta en estudiantes que obtenían resultados escolares mediocres. Esos jóvenes afirmaban consumir sólo alimentos como patatas fritas,

Coca-cola, café, azúcar, chocolate, conservas... para "drogarse". Algunos también ingerían medicamentos y vitaminas sintéticas.

– Durante nueve semanas se los alimentó convenientemente (frutas, verduras, hortalizas crudas, huevos, quesos, carnes blancas, cereales...). Además, las comidas se tomaban a la misma hora y en un ambiente tranquilo.

Conclusión: al cabo de pocas semanas, sus resultados escolares fueron prodigiosos: una mejora del 44% en el rendimiento.

Se desarrollaron otras experiencias para mostrar la incidencia de la alimentación en nuestro comportamiento social.

Tercera experiencia

Chicas entre los once y los quince años, delincuentes, rebeldes, agresivas, que se alimentaban de pan blanco, jamón, té, café, azúcar, Coca-cola, hamburguesas... experimentaron un cambio en su comportamiento tras una notoria modificación de su alimentación: menos agresividad, más capacidad de juicio y reflexión. Su conducta y sus relaciones con la sociedad y el mundo de los adultos mejoraron profundamente.

Tal vez en estas experiencias reside la posibilidad de ayudar a los jóvenes delincuentes a reinsertarse en nuestra sociedad. En nuestras prisiones, supuestamente modernas, ¿no sería adecuado aplicar una nutrición adaptada? Esto no significa en absoluto que toda la delincuencia se solucionará con el cambio de hábitos culinarios.

Última experiencia, que tampoco tiene la
pretensión de solucionarlo todo

Ciertas parejas que padecían problemas de "compatibilidad de caracteres" y querían divorciarse advirtieron cómo su pésima coexistencia se desvanecía modificando gradualmente su alimentación.

Estos ejemplos muestran de manera significativa la influencia de la alimentación en nuestros pensamientos, emociones y comportamiento.

El sistema nervioso

El sistema nervioso está formado por el conjunto de una cantidad considerable de neuronas.

Waldeyer propuso el nombre de neurona en 1891. Ciertos investigadores cifran su número entre cincuenta y cien mil millones en el ser humano; más de nueve mil millones se encontrarían en el cerebro.

La neurona es la unidad fundamental,
estructural, del sistema nervioso.

Esta célula nerviosa (neurona) presenta una particularidad respecto a las otras células de nuestro organismo: no se divide (no existe mitosis). Es decir, nuestros miles de millones de células, una vez dispuestas según un orden y una inteligencia sutil (cada uno es libre de imaginar y creer en una fuerza superior e inteligente que gestiona y coordina ese mundo diminuto) durante la vida intrauterina, no se dividen ni se multiplican más: toda pérdida es irremediablemente definitiva.

El envejecimiento cerebral que comprobamos en las personas mayores comienza en realidad a partir del nacimiento: envejecemos desde que nacemos.

A partir de los cuarenta años, cada 24 horas desaparecen unas 100 000 neuronas.

La propiedad especial de la neurona, que consiste en no dividirse, viene del hecho de que la célula nerviosa procede embriológicamente de una célula epitelial que, tras su desarrollo, se especializó hasta el punto de perder la capacidad de dividirse como cualquier otra célula humana.

De hecho, en el ser humano, como en todos los vertebrados, el sistema nervioso se desarrolla a partir de un tubo (tubo neural) que se forma tras la ectodermis, es decir, la epidermis de la región dorsal del embrión. Este esbozo primitivo aparece muy pronto... hacia el decimoséptimo día de la vida embrionaria.

Hay que señalar que las neuronas que no han sido estimuladas desde los primeros años, o aquellas que nunca lo han sido, degeneran en primer lugar... Como en el caso de un músculo, es primordial ejercitar el cerebro permanentemente.

Además, las conexiones (sinapsis) establecidas entre células nerviosas se desarrollan con la edad, en función del aprendizaje, la creatividad, la imaginación, etc. Por lo tanto, hay que estimular la imaginación y el sentido creativo del niño desde su más tierna edad, así como enseñarle mediante el placer, el juego y la risa, para que más tarde disfrute de buenas conexiones sinápticas y se convierta en un Hombre, en el sentido noble del término, y para que no se "desconecte" de la realidad del mundo.

Un cerebro que no trabaja se debilita. La función crea el órgano.

Fisiología de la neurona

El papel fundamental y principal de la neurona es el de transmitir excitaciones y estímulos que pueden derivar de fuentes diferentes (pellizco, calor, electricidad, sustancia química, luminosidad, ruido...).

Los nervios transmiten el flujo nervioso:

- de un órgano sensorial a un centro nervioso: nervio sensitivo, o
- de un centro nervioso a una glándula o músculo: nervio motor.

Ciertos nervios, como por ejemplo el ciático, están provistos de fibras sensitivas y motrices: nervios mixtos.

Cuando ha alcanzado una intensidad suficiente (umbral de excitación), toda excitación se transforma en un flujo que se propaga en el sistema nervioso. Esta transmisión, así como la síntesis y la liberación de neurotransmisores, requieren mucha energía y una cantidad considerable de oxígeno (O_2).

- El cerebro absorbe el 20% de la cantidad total de oxígeno suministrada al organismo. Una trombosis cerebral tiene consecuencias extremadamente graves porque las células nerviosas no soportan más que unas decenas de segundos la ausencia de irrigación con sangre oxigenada.
- La única fuente de energía conveniente indispensable para la neurona es la glucosa.

La transmisión del flujo nervioso

La propagación del flujo nervioso se realiza por simple conducción. Aunque rápido, el flujo nervioso es mucho más lento que una corriente eléctrica: la velocidad varía según las fibras, del orden de 0,5 a 100 m/s.

La transmisión se realiza por mediación de zonas de unión entre dos neuronas, o entre una neurona y una célula de un órgano motor (músculo o glándula). *Esta zona de unión de denomina sinapsis.*

¡Cada neurona puede disponer de muchas decenas de miles de sinapsis!

En la arborización terminal, los botones sinápticos, o botones terminales, contienen vesículas que guardan sustancias como la acetilcolina, la noradrenalina, la serotonina, la histamina... Estas sustancias, que permiten el paso del flujo nervioso, se denominan mediadores químicos o neurotransmisores.

Para que la modificación del potencial eléctrico de las membranas sinápticas permita el "paso" de una neurona a otra, son necesarias dos condiciones capitales:

– es necesario que el neurotransmisor tenga tiempo suficiente para permitir "pasar" al flujo nervioso, y
– la acción del neurotransmisor debe cesar una vez que el flujo ha "pasado", a riesgo de provocar una hiperexcitación, un estado de sobrecalentamiento nefasto para el cerebro y sus componentes. Para ello, las enzimas almacenadas en la membrana postsináptica se encargan de destruir el neurotransmisor (por ejemplo, la acetilcolinesterasa degrada la acetilcolina).

La membrana presináptica procede a la reabsorción y realmacenaje de una parte de estas sustancias.

Transmisión de neurona a neurona

Cuando la despolarización alcanza el extremo de la neurona A, el flujo nervioso debe cruzar la sinapsis antes de transmitirse a otras neuronas.

Durante este período, denominado demora sináptica, la sustancia acumulada en los botones sinápticos (neurotransmisores: sustancias variables en función de las sinapsis) se libera en el espacio sináptico, también llamado hendidura sináptica (entre dos neuronas).

Esta sustancia actúa en la membrana postsináptica B, modificando su permeabilidad.

Modificados por el "enganche" de los neurotransmisores, los *receptores* (proteínas) postsinápticos cambian de forma y crean aberturas en la membrana postsináptica y modificaciones que intervienen en su permeabilidad.

Repentinamente se establecen intercambios de iones entre la neurona B y sus inmediaciones, lo que despolariza la membrana y engendra su potencial de acción.

A nivel sináptico, la transmisión entre neuronas se realiza gracias a los mediadores químicos o neurotransmisores.

Transmisión de neurona a célula muscular

Esta transmisión se realiza al nivel de la placa motriz y efectúa una unión sináptica especial.

Como en la transmisión de neurona a neurona, la llegada del neurotransmisor (acetilcolina producida por los nervios de la placa motriz) activa un potencial de acción. La llegada del flujo nervioso excita las fibras musculares, que responden con una modificación de su estructura; es el punto de partida de las diferentes

transformaciones que conducirán al deslizamiento de los miofi-
lamentos y, como consecuencia de ello, a la contracción muscular.

Cuando un músculo es excitado, su respuesta eléctrica pre-
cede a su respuesta mecánica.

*Los neurotransmisores se sintetizan a partir de los elemen-
tos contenidos en nuestros alimentos. Son mensajeros químicos
que franquean la barrera hemato-meníngea.* Transportan nuestras emociones, pensamientos y sentimientos, y son responsables
de nuestro comportamiento.*

Los principales neurotransmisores
o neuromediadores

Como es evidente, los diferentes precursores** (alimentos)
contribuyen a elaborar los diversos neurotransmisores, que pose-
en una acción y una función específica en el sistema nervioso.

– La *dopamina*: sintetizada a partir del aminoácido conocido como tirosina, la dopamina actúa en la secreción de la
hormona del crecimiento; es el neurotransmisor del placer, de la motivación, la emoción, el deseo sexual y la
atención.
Un descenso del nivel de dopamina se traducirá en una
pérdida de motivación y libido...
En la enfermedad de Parkinson este neurotransmisor y su
síntesis sufren alteraciones.

---

* El cerebro está protegido por un envoltorio selectivo conocido como barrera hemato-
meníngea.
** Precursor: que prepara, que permite la elaboración de...

– La *acetilcolina*: sintetizada a partir de la colina y de la vitamina B5, la acetilcolina es el neurotransmisor responsable de la memoria y la concentración.

– La *serotonina*: sintetizada a partir del aminoácido triptófano, se considera que la serotonina es la hormona del sueño, la distensión, la relajación, la calma y la serenidad. Inhibe toda suerte de pulsiones, incluidas las sexuales, pero las células cerebrales también la utilizan para producir *melatonina*.*

Un descenso de la serotonina se traducirá en agresividad, arrebatos, violencia o una tendencia suicida: el sujeto de desinhibe.

Así pues, todos los alimentos ricos en triptófano, precursor de la serotonina, permiten una cierta relación con estados de conciencia superiores, así como un cierto sentimiento religioso.

– La *adrenalina*: sintetizada a partir de la tirosina, es la hormona del estrés, con todo su cortejo de modificaciones fisiológicas y a veces patológicas (aumento de la tensión y del pulso, dilatación de las pupilas...). Como es de suponer, una elevada tasa de adrenalina, como consecuencia

---

* Hormona segregada por la epífisis (glándula pineal) y sintetizada a partir de la serotonina, divide nuestra actividad en función del día o de la noche (la disminución de la luz, la noche, estimula la epífisis, que libera melatonina). También se muestra activa en el equilibrio del comportamiento y mental: debido a una diferencia horaria, la secreción de melatonina se modifica y puede provocar alteraciones en el comportamiento, un descenso en la memoria y la atención. Otros estudios que se desarrollan en la actualidad tienden a demostrar que la melatonina sería un poderoso antioxidante y antienvejecimiento. La epífisis tiene la forma de una piña diminuta, de ahí su antiguo nombre de glándula pineal. Según la tradición, la glándula de la epífisis sería el vestigio del célebre tercer ojo u ojo del alma. Es sorprendente saber que esta misteriosa glándula posee células semejantes a las que se encuentran en la retina del ojo. Es la glándula de la sabiduría, de la "revelación de la luz". Para los místicos sería el "puente entre los más elevados planos de conciencia y el plano físico". Para Descartes, era la sede del alma. La mitología egipcia cuenta que Horus, dios de la salud, perdió un ojo; Thot, dios de la sabiduría, sustituyó el ojo perdido por otro que situó en el interior del dios. Por esa razón se asocia ese tercer ojo al ojo de la sabiduría. Como detalle curioso, este símbolo de la sabiduría aparece en el reverso de los billetes de banco norteamericanos, en el centro de una pirámide. En la actualidad se cree que la epífisis, rica en serotonina, guarda mucha relación con la conciencia religiosa.

de un estrés reiterado, engendra cansancio, insomnio y ansiedad...

– La *noradrenalina*: también sintetizada a partir de la tirosina, es el neurotransmisor del despertar, del deseo sexual, la sociabilidad y el aprendizaje. Un descenso de noradrenalina se traducirá en una disminución de la libido, la desmotivación y un repliegue sobre sí mismo, como en ciertos tipos de depresión.

– El *GABA* (ácido gamma-aminobutírico): sintetizado a partir del ácido glutámico, en presencia de vitamina B6 y vitamina C, ocupa un lugar capital en el cerebro. Como la acetilcolina, es responsable de la memoria y es también inhibidor, relajante, calmante y ansiolítico.

Un descenso del GABA se traducirá en ansiedad, nerviosismo y dificultad para conciliar el sueño. ¡El bogavante posee una alta concentración en ácido gammaaminobutírico!

A continuación enumeramos algunos efectos psíquicos y mentales posibles de ciertos neurotransmisores, según Thierry Souccar en *La révolution des vitamines* (éd. First):

– *Serotonina alta*: calma, paciencia, autocontrol, sociabilidad, adaptabilidad, ánimo estable.
– *Serotonina baja*: hiperactividad, agresividad, impulsividad, fluctuaciones del ánimo, irritabilidad, ansiedad, insomnio, depresión, migraña, dependencia (drogas, alcohol), bulimia.
– *Dopamina alta*: espíritu emprendedor, motivación, buen humor, deseo sexual.
– *Dopamina baja*: depresión, hipoactividad, descenso de la libido, desmotivación, indecisión.
– *Adrenalina alta*: estado de alerta.

– *Adrenalina baja*: depresión.

– *Noradrenalina alta*: facilidad de memorización, atención, deseo sexual.

– *Noradrenalina baja*: distracción, descenso de las capacidades de concentración y memorización, depresión, pérdida de la libido.

– *GABA alto*: relajación, sedación, sueño, memorización.

– *GABA bajo*: ansiedad, manía, ataques, pánicos.

– *Acetilcolina alta*: buena capacidad de memorización, concentración, aprendizaje.

– *Acetilcolina baja*: descenso de las facultades de memorización, concentración y aprendizaje.

El nivel cuantitativo de estos neurotransmisores está en correlación con los estados psíquicos y mentales particulares como depresiones, ansiedad, irritabilidad, pérdida de memoria...

Por lo tanto, modificando la alimentación diaria podemos cambiar la cantidad y la acción de los neurotransmisores y el estado de ánimo, nuestros comportamientos y emociones.

Debemos al doctor Richard Wurtman, un neuroendocrinólogo norteamericano, el hecho de haber descubierto esta acción entre ciertas sustancias alimentarias y nuestra actividad cerebral.

Los alimentos son precursores. Así, el ejemplo del triptófano es bien conocido: es el precursor de la serotonina, que estimula la somnolencia, el sueño, la relajación e incluso una cierta confusión en determinadas circunstancias.

Sin embargo, señalemos que las reacciones químicas cerebrales son tan complejas que resulta obvio que la absorción de un alimento no tendrá repercusiones automáticas y precisas en nuestro cerebro y sus anexos.

No obstante, la acumulación y reiteración en la ingesta de determinado alimento ejercerá una ostensible acción en los complejos mecanismos de nuestro cerebro, en nuestra personalidad y comportamiento.

Por supuesto, hay otros muchos factores alimentarios que habrá que tener en cuenta. De hecho, tendremos que plantearnos las siguientes preguntas: *¿qué comes?*, *¿dónde comes?*, *¿con quién comes?*, *¿cómo comes?*, *¿cuándo comes?*

Las circunstancias globales de la alimentación son tan importantes como el alimento en sí mismo.

Para ilustrar esta idea imaginemos dos situaciones completamente opuestas:

– *Recibes de improviso a unos amigos a los que no habías visto desde hace mucho. Improvisas y preparas la comida en función del contenido del frigorífico y las alacenas, y encuentras (por poner un ejemplo extremo) una lata de conservas de* chucrut. *No es, desde luego, lo más ajustado a los dogmas de la "dietética" y la naturopatía, pero ¿acaso el fin, o el hambre, no justifican los medios?*

– *Consumes "zanahorias biológicas" cuando has padecido estrés debido a un conflicto profesional o personal con tu cónyuge u otra situación estresante.*

Pregunta: ¿en qué caso crees "causar más daño" a tu salud física y psíquica?

La respuesta es tan evidente que, tras veinticinco años de práctica naturopática, aún me sorprende que esta consideración no figure en el programa docente de las escuelas: ¡comer es un acto sagrado!

Hemos de complacer a nuestras células físicas, pero también a nuestras células psíquicas.

Así pues, es importante comer bien, es decir, alimentos apetitosos, de buen sabor, agradables al paladar, a la vista, al olfato, pero también es fundamental comer tranquilos, con placer, y no en la precipitación, el desorden, la irritabilidad y la insatisfacción.

¿Con quién comes? Esta es una pregunta esencial para quien desee una buena digestión y aprovechar los elementos contenidos en los alimentos que se ingieren. El estado de ánimo con el que comemos también actúa en el proceso de la digestión: un cambio de actitud o de humor altera la tasa de absorción de los alimentos.

Con alimentos idénticos, las repercusiones orgánicas y psíquicas son diferentes.

¿Cuándo comes? Nuestro organismo y psiquismo funcionan según ritmos personales. Nuestra alimentación no escapa a esta regla y, sin embargo, la sociedad nos impone un horario de comidas no siempre conforme con nuestro propio ritmo y deseo de comer. De ello deriva un estrés orgánico más marcado cuando, por ejemplo, nuestro cuerpo se encuentra en la fase de síntesis hormonal y al mismo tiempo le proporcionamos las proteínas necesarias para esa síntesis.

Si bien no todos los investigadores se adhieren a esta teoría, no es menos cierto que todos reconocen que una comida rica en glúcidos favorece el debilitamiento de las facultades cerebrales e, inversamente, una comida rica en proteínas evita la pesadez, la apatía intelectual.

Sin embargo, la afirmación precedente no es válida para todo el mundo: de hecho, en ciertos individuos –especialmente en las mujeres con síndrome premenstrual, las personas sujetas al "trastorno afectivo estacional" y los fumadores que tratan de dejar el hábito– los glúcidos estimulan y las proteínas relajan. ¿Por qué? Aún no se han revelado ni comprendido todos los misterios de la vida y... ¡mejor así!

Las universidades no nos lo enseñan todo. Un buen médico debe estar dispuesto a aprender de las parteras, los bohemios, los nómadas, los pillos y los forajidos. Debe desarrollar sus investigaciones en gente de toda condición, buscando todo cuanto pueda enriquecer su conocimiento. Debe viajar mucho, vivir diversas aventuras y no dejar de instruirse jamás.

Paracelso, médico inconformista

Escribir es una manera de hablar sin ser interrumpido.

Jules Renard (1864-1910)

Las proteínas y
aminoácidos

Los neurotransmisores se elaboran a partir de aminoácidos procedentes de los prótidos contenidos en nuestros alimentos. Estos son algunos ejemplos:

El *triptófano* (ácido indolamino-propiónico) es un aminoácido esencial (porque es indispensable y porque el organismo no puede sintetizarlo) contenido en la leche, plátanos, pavo, piña, huevos, dátiles... Es el *precursor de la serotonina*, que se considera la hormona del sueño, es decir, que participa en el proceso de conciliar el sueño, pero también en los estados de somnolencia, de relajación necesaria para dormirse. Este neurotransmisor también puede ser responsable de ciertos estados de confusión mental.

La serotonina actúa como un freno a las compulsiones. Si su tasa orgánica es muy débil, las compulsiones psíquicas pasan a primer plano y aparecen agresividad, cólera, insomnio, nerviosismo, impaciencia, fobias o dependencia a drogas blandas como el alcohol, el tabaco... o para algunos el trabajo, que se convierte en un mundo refugio que conviene analizar en una psicoterapia.

Estas personas aceptan mal la disciplina: a veces son un tanto anarquistas con su entorno, lo que crea tensiones y conflictos añadidos.

El triptófano también se considera un antidepresivo natural, un somnífero (sueño profundo necesario para la recuperación del organismo) y un ansiolítico. Se utiliza para combatir diferentes dependencias, como el alcohol, la cocaína... Algunos creen que el triptófano aumenta la resistencia al dolor (dolores dentales, de cabeza...). *El alcohol y otras drogas favorecen estados carenciales de triptófano. De ello resulta un descenso de la serotonina, lo que acarrea trastornos del sueño y depresión.* Se ha comprobado que las mujeres en el umbral de la menopausia o aquellas que acaban de vivir un parto o toman la píldora presentan una tasa baja de triptófano, y por tanto de serotonina. Esto quizá explicaría la depresión que a menudo tiene lugar en esos períodos de la vida femenina, acompañados de un consumo excesivo de magnesio y vitaminas B y C.

El estreñimiento crónico también es un factor causante de los trastornos psicoemocionales: implica una degradación del triptófano.

Una paradoja: si bebes leche tras la cena (compuesta de carnes o pescados) para facilitar el sueño, la competencia entre los diferentes aminoácidos por "penetrar" en las células se hará en detrimento del triptófano, que no posee la "dinámica" suficiente para ganar la liza. En este caso conciliar el sueño puede ser difícil y convertirse en la fuente de un cansancio físico y psíquico.

En este ejemplo, convendrá consumir más glúcidos (el azúcar hace que suba la serotonina, y por lo tanto favorece el sueño) que proteínas...

Señalemos también que el litio, oligoelemento muy conocido, mejora la calidad de los receptores de la membrana a la serotonina.

Esto explica la acción y la prescripción de este oligoelemento en las depresiones.

También se recomienda proporcionar al organismo un suplemento de magnesio y vitaminas del grupo B (véase más adelante).

Todos los placeres de la vida generan secreciones cerebrales o endorfinas; el ejercicio, los masajes, los baños tibios antes de acostarse, acompañados de una unción aromática realizada por el ser amado... *hacen que suba la tasa de serotonina.*

La *tirosina, aminoácido* que deriva de la conversión de la fenilalanina, procede de la carne y el queso. *La tirosina es el precursor de dos neurotransmisores: la dopamina y la noradrenalina,* que estimulan el cerebro y lo vuelven más activo, vivaz y atento. Se estimula la actividad cerebral y se incrementan la energía mental, la motivación, la atención y el estado de alerta.

La dopamina es un acelerador de las compulsiones. Si llega a "faltar" por carencias en el aporte alimentario, descenderá el apetito, la libido, la memoria y la concentración.

Estos neurotransmisores también aumentan la concentración, la atención y la memoria, y combaten los efectos negativos del estrés. Un déficit de adrenalina o dopamina puede ser el origen de una cierta depresión. En ese caso las personas padecen fatiga crónica, y nada les gusta, complace o satisface.

Algunos consideran que la tirosina es un antidepresivo natural, un ansiolítico natural, y es el aminoácido que la glándula tiroides utiliza para elaborar su hormona: la tiroxina. Conviene un aporte suplementario de nutrientes cofactores, como las vitaminas del grupo B (del sistema nervioso), especialmente la B6, la B9 y la vitamina C, y minerales como magnesio y hierro.

La *fenilalanina* (*aminoácido fenil-propiónico*), otro aminoácido esencial que condiciona en gran medida la utilización de la vitamina C. La encontramos en la carne, el queso, la clara de huevo, la soja, los garbanzos... En el organismo, se transforma en *tirosina, dopamina y noradrenalina,* con idénticas indicaciones (antidepresivo natural entre otras).

La *metionina* (*aminoácido alfa metil-tiol butírico*), único aminoácido esencial azufrado, antioxidante, inhibidor del efecto de los metales tóxicos (plomo, mercurio), la metionina participa en la síntesis de la fosfatidilcolina y permite una cierta flexibilidad y fluidez de la pared celular.

Es necesaria para el crecimiento, la protección del hígado y los riñones, y el funcionamiento de todos los neurotransmisores.

El alcohol destruye la metionina. Esta sustancia estimula la producción de lecitina por el hígado, permitiendo así la lucha anticolesterolémica.

La encontramos en condimentos como el ajo y la cebolla.

La *glutamina* (*aminoácido no esencial*), precursora del ácido gamma-aminobutírico (GABA) y del ácido glutámico, se emplea en el tratamiento del alcoholismo. Estos dos neurotransmisores mejoran la memoria y aumentan el dinamismo cerebral. Se los puede utilizar para prevenir los síntomas de la ansiedad, por ejemplo antes de coger un avión o tomar la palabra en público.

Fuente alimentaria: salvado, trigo integral, almendra, avellana...

Señalemos que las benzodiazepinas, prescritas contra la depresión (ansiolíticos como el Valium®, Librium®, Tranxène®, Séresta®, Lexomil® entre los más conocidos), en un primer momento aumentan la acción del GABA como sedante natural, pero a largo plazo disminuyen la sensibilidad de los receptores de las membranas celulares. Esto tal vez explique la dependencia de los sujetos sometidos a esa medicación que no soluciona evidentemente nada, pero que enmascara de manera momentánea los terrores de la vida en sociedad.

No recomiendo en absoluto abandonar la prescripción del médico de cabecera, sino acaso considerar con él las posibilidades de limitar esas moléculas, modificar el régimen alimentario y emprender una psicoterapia que permitirá conocer el verdadero origen del estado depresivo.

La *histidina* (*aminoácido esencial*) es precursora de la histamina, que es un mediador químico que interviene en la aparición de fenómenos alérgicos (asma, urticaria...). La histamina nos hace llorar o moquear, provoca secreciones salivares y gástricas, contrae los músculos y las arteriolas y dilata los capilares.

La histamina es una sustancia normalmente presente en todos los tejidos húmedos, y más concretamente en los mastocitos, los basófilos (glóbulos blancos o leucocitos) y las plaquetas. También la encontramos en todas las células nerviosas, especialmente en los nervios simpáticos posgan-glionares.

Es un transmisor del flujo nervioso que desempeña un papel de regulación de las emociones y del comportamiento (efecto relajante sobre el cerebro, estimula el orgasmo en la mujer y aumenta las sensaciones durante el acto sexual) así como en la integración de las emociones y recuerdos.

Esto ocurre fundamentalmente en una zona conocida como hipocampo, región cerebral ubicada en los lóbulos tempo-rales del cerebro, que parece desempeñar un papel decisivo en la memoria a largo plazo.

A este nivel, los recuerdos se almacenan durante muchas semanas antes de transferirse al córtex para una memoriza-ción más duradera. *Así pues, el hipocampo es la puerta de entrada de las informaciones que hay que memorizar.* Es la antecámara del aprendizaje. Es ahí donde los recuerdos se cargan de afectividad porque se encuentra en estrecha rela-ción con el sistema límbico, cerebro arcaico que rige todas nuestras emociones.

Sin embargo, el hipocampo no parece tener ningún papel en la memoria a corto plazo; el córtex frontal se encarga direc-tamente del trabajo.

Hay otras dos zonas que también ejercen una función:

- la *formación reticulada*, entre el cerebro y la médula espinal, interviene en el mantenimiento de la vigilancia y la atención necesarias para el aprendizaje,
- el *cerebelo* acoge la memoria automática de los reflejos condicionados.

Señalemos también que el hipocampo es rico en cinc, necesario (como en los mastocitos y basófilos) para almacenar la histamina en las terminaciones de las células nerviosas. Estas vesículas sinápticas terminales liberan la histamina de acuerdo con las necesidades de regulación del comportamiento. Niveles normales de cinc e histamina son la condición de un comportamiento estable, mientras que niveles insuficientes entrañan fallos de memoria, paranoia, alucinaciones e hipomanía.*

Fuentes alimentarias: lacteos y carnes, pero también cereales integrales, leche vegetal y huevos.

Contraindicaciones: embarazo, lactancia, esquizofrenia.

En la actualidad es fácil realizar un análisis de los neurotransmisores en la orina o en la sangre (suero). Permite elucidar, a la luz de la ciencia y la tecnología moderna, las carencias nutricionales que debe solventar quien desee encontrarse a gusto en su cuerpo, mente y corazón.

Son exámenes que conviene realizar si no sabemos muy bien qué nos ocurre, si nos acecha la depresión, si padecemos dolores, un malestar indefinible, cuando nos sentimos inestables, irritables, angustiados sin una razón válida, cansados y sin energía, sin ánimo...

Si tienes que emprender una actividad intelectual que exige concentración, atención y un espíritu activo, evita comer helado o bombones, y aún más pastas sin proteínas. Evita

---

* Forma clínica atenuada de la manía que frecuentemente excluye el delirio. Se caracteriza por una actividad desaforada a la que a menudo sucede un período de depresión (definición de Garnier, *Dictionnaire des termes techniques de médecine*, véase la bibliografía).

también las grasas cocinadas en exceso: ralentizan el trabajo cerebral.

Toma más bien alimentos ricos en proteínas, acompañados de glúcidos. Pero cuidado: los alimentos ricos en proteínas deben ingerirse antes que los glúcidos para evitar que estos últimos provoquen somnolencia y confusión.

Tengamos presente que las verduras son alimentos neutros, es decir, que no provocan confusión ni somnolencia, pero tampoco contribuyen a un excedente de vitalidad cerebral (véase «composición de ciertos alimentos» y sus propiedades en cuanto a su capacidad para actuar sobre la mente al final del libro).

Además de las proteínas, algunas de las cuales ejercen una acción específica en nuestros diversos comportamientos físicos y psíquicos, afectivos y espirituales, los neurotransmisores, el cerebro y sus constituyentes también requieren:

glucosa – oxígeno – vitaminas – oligoelementos – ácidos grasos esenciales.

Y las células que constituyen el sistema nervioso en su conjunto deben eliminar correctamente sus residuos metabólicos.

La *glucosa*

La glucosa es la fuente principal de energía para los tejidos del organismo. Es la única fuente de energía del cerebro, que sólo sabe utilizar la glucosa: consume una media de 100 gramos al día (4 gramos por hora).

Además, y principalmente para las células nerviosas, la glucosa debe estar disponible rápidamente, en función de las necesidades, que son muy variables (según la actividad física o el estrés, por ejemplo).

Junto con el hígado, el cerebro es el único órgano que no requiere insulina (hormona pancreática) para que la glucosa penetre en sus células.

El magnesio, las vitaminas del grupo B y la coenzima Q10 (o ubiquinona) permiten a la glucosa penetrar en el cerebro y franquear la barrera hemato-encefálica.

Es completamente lógico pensar que si el cerebro y sus constituyentes padecen estados carenciales de glucosa, asistiremos a repercusiones en el comportamiento físico y psicológico, porque la glucosa es el único carburante del cerebro; el comburente sería el oxígeno.

Todos conocemos los indicios habituales de una carencia de glucosa (en las arterias carótidas que alimentan al cerebro existen baro-receptores que lo informan de un cambio en los niveles de glucosa sanguínea cerebral para que este órgano pueda gestionar la obtención de su carburante indispensable. Actúa sobre el hígado, los músculos, las glándulas suprarrenales y el páncreas): cansancio, lasitud, letargia, o bien cólera, nerviosismo exacerbado, agresividad, intolerancia...

La hipoglucemia*

Existen dos tipos de hipoglucemia. *La primera es real, debido a una infraalimentación. La segunda es el resultado de una reacción hiperinsulínica debida a un consumo inmoderado de alimentos azucarados.* El páncreas segrega entonces mucha insulina y los trastornos hacen pensar en una hipoglucemia transitoria. Es el conocido *bache de media mañana*, que incita al consumo de nuevos azúcares. Como es obvio, este aporte calma el malestar, pero desencadenará una nueva reacción pancreática, es decir, una nueva descarga de insulina que alimentará el círculo vicioso.

Sin embargo, también hay otros factores que favorecen la hipoglucemia:

– La administración de determinados medicamentos como la aspirina, los beta-bloqueantes, la oxitetraciclina de ciertos antibióticos (isomirtina, terramicina, tetranasa...), el

---

* Texto extraído de Brun, *Le Diabète exactement* (véase la bibliografía).

haloperidol (neuroléptico), la indometacina (antiinflamatorio no esteroide), el paracetamol (analgésico, antipirético), etc.

– El *tabaco*: ciertos experimentos muestran que un consumo de más de veinte cigarrillos al día provoca hipoglucemia.

– El *alcohol*: entra en competición con la glucosa en el hígado. Acapara las funciones hepáticas y por lo tanto ejerce el predominio de las funciones de este órgano. El hígado ya no puede transformar el glicógeno en glucosa (glucogenólisis), de ahí la hipoglucemia. Este fenómeno se agrava con la ingestión simultánea de azúcar y alcohol (Coca-cola con whisky, vodka con naranja...).

– El *estrés*, que actúa sobre el hipotálamo, desencadenando a su vez, en la hipófisis, secreciones destinadas a alertar a las glándulas médulo-suprarrenales. Estas últimas segregan la adrenalina que provocará la secreción de glucagón, permitiendo así la transformación del glicógeno hepático y de las grasas de reserva en glucosa y bloqueando la secreción de insulina.

Este proceso permite al cuerpo disponer de glucosa para asegurar su respuesta al estrés, que es *el combate o la lucha*.

Pero cuidado: el hígado sólo contiene 75 gramos de reserva de glucosa, y los músculos sólo 150 gramos. Si el estrés no encuentra solución y persiste, las reservas se agotarán rápidamente. Y a ese ritmo, las médulo-suprarrenales también se agotarán y no se segregará más adrenalina. En ese caso cesará la lipólisis y nuevamente se segregará insulina, lo que conducirá a una segunda fase, la hipoglucemia.

Además, tras el estrés tiene lugar la secreción de beta-endorfinas que disminuyen la tasa de dopamina y serotonina, lo que aumenta el apetito. Estas beta-endorfinas crean a su vez una apetencia de azúcar y aumentan la secreción de insulina, que favorece la acumulación de grasas.

– El *café*: al principio estimula las glándulas suprarrenales y provoca una liberación de adrenalina (como indicábamos anteriormente), y a continuación una hipoglucemia secundaria.

Independientemente de su origen, en caso de hipoglucemia:

– los *receptores sanguíneos* (principalmente las carótidas) informan al sistema nervioso central del descenso de azúcar sanguíneo,

– el *sistema nervioso central*, por mediación de una pequeña zona situada en la base del cerebro que constituye el centro de coordinación neuroendocrino, la plataforma psicosomática, el hipotálamo alerta a las médulo-suprarrenales para efectuar una secreción de adrenalina, que provoca a su vez la secreción de glucagón pancreático gracias a la acción de las células alfa del páncreas. El papel de esta sustancia consiste en transformar el glicógeno hepático almacenado en glucosa, y eventualmente convertir las proteínas y las grasas en glucosa.

Hemos visto que las grasas no se pueden hidrolizar en glucosa sino imperfectamente y en presencia de ésta. En el caso contrario tendría lugar la formación de cuerpos tóxicos: los cuerpos cetónicos (pH 4), de lo que deriva la acidosis de los líquidos orgánicos, con una caída de la reserva alcalina sanguínea y una carencia de glucosa cerebral: *el coma diabético*.

También conviene saber que la adrenalina es la hormona del estrés. Ante el estrés sólo hay dos soluciones: combatir o escapar. Independientemente de la solución adoptada, la glucosa sanguínea y más tarde las reservas (glicógeno) son llamadas para aportar al organismo un suplemento de energía.

Si el estrés es crónico tiene lugar un agotamiento de las médulo-suprarrenales, y por lo tanto una hipoglucemia funcional.

Paralelamente a esta acción de la adrenalina sobre el glucagón, la primera envía al sistema nervioso señales que el individuo percibe, como por ejemplo una sensación de hambre, una cierta ansiedad e irritabilidad.

Si se toma la comida o un pequeño aperitivo, rápidamente se restablece la glucemia normal y las señales desaparecen. Pero si el aporte alimentario no tiene lugar y las reservas hepáticas se agotan, la adrenalina alerta a la hipófisis, que produce la hormona ACTH (corticoestimulina) para activar las córtico-suprarrenales. Estas últimas segregan a su vez los glucocorticoides, que transformarán las proteínas y parte de las grasas de reserva en azúcares.

Todo se activa para que la glucemia alcance un nivel normal y desaparezcan los síntomas de hipoglucemia.

Pequeño paréntesis voluntario respecto al azúcar

Napoleón y Hitler eran grandes consumidores de azúcar. ¡De ahí a establecer el paralelismo de que entre el consumo de azúcar y el deseo de vencer y destruir sólo hay un paso!

Además, es muy elocuente saber que Colombia y Dinamarca también son grandes consumidores de azúcar. Colombia tiene un alto nivel de criminalidad, y Dinamarca es el país que detenta el récord de suicidios entre los jóvenes.

Otro ejemplo: en Bolivia y Perú, alrededor del lago Titicaca, vive una de las poblaciones más agresivas del mundo: los quolla. Entre ellos abundan los altercados, violaciones y asesinatos. Ahora bien, su alimentación la conforman casi exclusivamente hidratos de carbono (patatas, cereales...). Esta alimentación provoca una hipoglucemia pasajera, que requiere una descarga de adrenalina para provocar la llegada del azúcar.

¡Y esta descarga de adrenalina causa agresividad!

Los síntomas de la hipoglucemia reactiva son bien conocidos. Como es natural, varían en función de la gravedad de los trastornos y del individuo.

Síntomas clínicos de la hipoglucemia

– sensación de hambre y apetito al final de la mañana y al mediodía
– ansiedad
– irritabilidad, nerviosismo, crisis de lágrimas
– fobias, miedo
– confusión mental
– desfallecimiento a las 10 y 17 horas, con piernas temblorosas
– vértigos, náuseas
– hipotermia de las extremidades (manos y pies)
– falta de concentración

- dolor de cabeza
- somnolencia posprandial
- sudor abundante, palidez
- temblores, mareos
- palpitaciones, agujetas
- calambres, visión nublada
- insomnio

Síntomas clínicos de la hiperglucemia

- aumento del apetito y del consumo alimentario (polifagia)
- hiperlipidemia
- disminución de la resistencia a las infecciones
- difícil curación de las heridas
- amenorrea
- pérdida de peso
- fatiga crónica
- deshidratación con poliuria y glucosuria

Así pues, podemos afirmar que un excesivo consumo de azúcar (de mala calidad) conduce tarde o temprano a una alteración de las funciones pancreáticas.

La diabetes y el hiperinsulinismo, aunque opuestos, se producen por una única causa: un consumo inmoderado de azúcar e hidratos de carbono.

Naturalmente, también interviene el estrés. De hecho, los psicólogos replicarán que el consumo excesivo de azúcar (por ejemplo, chocolate) es el resultado de un malestar, de deseos reprimidos, de una falta de cariño... Pero esto nos conduce a un círculo vicioso: ¡el consumo excesivo de azúcar implica trastornos mentales y comportamientos más o menos agresivos, lo que no atrae el cariño! Así pues, es conveniente modificar simultáneamente la alimentación y emprender, con ayuda de psicólogos y psicoterapeutas, una reforma del comportamiento.

Se han realizado experimentos sobre este problema:

Un grupo de ciento veinte personas que padecían neurosis, depresiones y angustia fue examinado médicamente y el test de glucosa demostró que la mayoría sufría hiperinsulinismo. Antes de emprender una psicoterapia, como se recomienda generalmente, se llevó a cabo una modificación alimentaria. Tuvo lugar una mejora general y los síntomas psíquicos desaparecieron paulatinamente, lo que a continuación permitió iniciar una psicoterapia que consolidara los logros.

¿Cómo diseñar este régimen?

– Reducir los hidratos de carbono: el azúcar en todas sus formas (bombones, pasteles, chocolate, vinos, alcohol, gaseosa, limonada, Coca-cola...).
– Sólo se permiten dos rebanadas diarias de pan integral tostado, frutas frescas, verduras hervidas, hortalizas frescas y crudas, huevos, alguna carne blanca, pescados y quesos.

¿Por qué un régimen tan pobre en hidratos de carbono?

Sencillamente porque estos alimentos, que comúnmente se conocen como "azúcares retardados", exigen mucha "energía alimentaria" para su digestión y estimulan continuamente la función pancreática, lo que entraña un desequilibrio insulínico y a veces una hipoglucemia hiperinsulínica.

Es interesante comprobar que el azúcar constituye el punto de partida de la biosíntesis de las grasas. En caso de sobrepeso, un régimen de adelgazamiento eficaz debe eliminar, ante todo, los azúcares en todas sus formas.

Además, así como la falta de glucosa es un problema capital para el cerebro, el exceso y la calidad de los "azúcares" también han de tenerse en consideración.

Éstos son algunos comentarios acerca de las consecuencias patológicas derivadas del exceso de azúcar (extraído de Brun, *Le diabète exactement*):

1. La alimentación occidental, rica en azúcares con un elevado índice glucémico, provoca hiperinsulinismo.
2. Este hiperinsulinismo favorece el almacenamiento de azúcares en forma de grasas (lipogénesis).
3. Esta lipogénesis provoca el aumento del peso y la obesidad.
4. Pese a las grandes dosis de insulina segregada (hiperinsulinismo), las células se resisten a esta sustancia (una vez saturadas ya no pueden aceptar más azúcares), o no reconocen o utilizan mal la insulina normalmente segregada por el páncreas.
5. Esta resistencia a la insulina provoca la persistencia anormal de un importante nivel de azúcar en la sangre tras la comida. El páncreas segrega así más insulina, cuya producción termina por alterarse; esto conduce a la diabetes.
6. El exceso de grasas también puede engendrar hipertensión arterial y obesidad.
7. El exceso de azúcar produce una carencia de cromo, un oligoelemento indispensable para la insulina; su carencia favorece la aparición de la diabetes.
8. Una gran cantidad de azúcar induce hipercolesterolemia (LDL), que conduce a una hiperviscosidad sanguínea y

por lo tanto a accidentes cardiovasculares por agregación plaquetaria (trombosis, hipertensión...).

9. El exceso de azúcar en sangre tiende a afectar a las proteínas, provocando una hipercoagulabilidad sanguínea, con consecuencias patológicas.

10. *El azúcar blanco presenta un estado carencial en vitamina B1, con lo que puede ocasionar trastornos psíquicos, también causados por la hipoglucemia.*

11. *Para ser metabolizado, el azúcar blanco necesita vitamina B1 y cromo. El organismo los buscará en sus reservas, lo que implicará una inevitable carencia, con trastornos como cansancio, irritabilidad, pérdida de memoria, estado depresivo y debilidad muscular.*

12. El exceso de azúcar provoca una fermentación intestinal así como la formación de alcohol, induciendo una modificación de la flora intestinal que puede originar ciertas alergias alimentarias.

13. Demasiado azúcar también origina la formación de radicales libres, que son causa de un envejecimiento celular prematuro y de ciertos tipos de cáncer.

No hay que olvidar la influencia nefasta del azúcar en el pH salivar, que en pocos minutos cae hasta el 4,5. Con un pH inferior al 5,5, el esmalte se ve afectado. De ello resulta un debilitamiento y desmineralización de los dientes, factores que influyen en la caries.

En la actualidad, hay una polémica respecto a añadir flúor al agua de consumo. El profesor Nègre afirma que este elemento ataca a las materias orgánicas, creando trifluorometanos, que son sustancias... cancerígenas.

Así pues, sabemos que para funcionar adecuadamente, el cerebro y las células nerviosas en su conjunto necesitan glucosa imperiosamente, en cantidad suficiente y sin exceso. Pero esta glucosa, procedente de nuestra alimentación glucídica, debe ser de buena calidad; los glúcidos ingeridos no han de provocar una importante secreción de insulina para evitar la hipoglucemia reactiva con sus nefastas consecuencias.

¿Por qué una comida compuesta exclusivamente por glúcidos (sin proteínas) provoca un cierto sopor cerebral, bostezos incontrolables, un aspecto tranquilo que en cierto sentido podemos considerar zen?

Cuando sólo se ingieren alimentos glucídicos, como en el desayuno francés (pan, *croissants*, mermelada...), aumenta la tasa de glucemia y se desencadena, como reacción, una secreción hormonal pancreática de insulina que, de paso, permite a las células musculares captar aminoácidos que circulan por la sangre... salvo el triptófano (véase "Las proteínas y aminoácidos"). Así, este último no tendrá competidores y podrá atravesar la barrera hemato-meníngea para transformarse en serotonina, neurotransmisor calmante y sedante.

Una comida formada exclusivamente por glúcidos es una comida que favorece la relajación, la distensión y el sueño; se recomienda encarecidamente, sobre todo por la noche, a personas excitadas, insomnes, irritables o que experimentan dificultades para conciliar el sueño. Por el contrario, es poco propicia para incitar la conversación, la excitación amorosa o el esfuerzo físico...

Si tienes que encontrarte con unos amigos tras la cena, abstente de consumir exclusivamente pastas; si no, bostezarás y tu cerebro te gritará durante toda la noche: "Sueño, sueño, sueño".

En consecuencia, una comida con un elevado contenido en proteínas favorecerá la caída del nivel de triptófanos y el aumento de la dopamina y la noradrenalina, dos neurotransmisores que estimulan la excitación mental y física, el deseo y la acción.

Gracias a estas explicaciones nutricionales básicas, comprobamos las diversas posibilidades que una correcta alimentación nos ofrece a nosotros y a nuestros hijos, en la vida diaria.

Pero cuidado: no podemos vivir permanentemente con los "nervios a flor de piel", "a toda velocidad", al igual que no podemos conducir el coche sólo con el pie en el acelerador. A veces es necesario saber frenar y dominar las compulsiones, las pasiones; de no ser así nos acechará la ansiedad y la depresión... ¡que acaso trataremos de dominar mediante drogas como el tabaco y el alcohol!

El mejor antídoto contra la tensión nerviosa
y el insomnio sigue siendo el ejercicio físico.

Doctor Dudley

Añade una pizca de Amor al plato:
gustará a todos los paladares.

Plauto

El *oxígeno*

Como todos sabemos, el aporte de oxígeno es absolutamente indispensable para permitir que nuestras diversas células efectúen los numerosos metabolismos que regulan la vida.

Privadas de oxígeno, ciertas funciones cerebrales y por lo tanto orgánicas, generales y de los tejidos, no serán operacionales y la armonía se desestabilizará.

Al no recibir el indispensable oxígeno, la célula no podrá sintetizar la energía, energía que permite otros metabolismos (fabricación de enzimas, hormonas, anticuerpos...). Para paliar esta disfunción hay que aportar una cantidad suficiente de oxígeno a nuestras células.

El ejercicio físico sigue siendo el único medio eficaz para ello.

El ejercicio físico racional ejerce una acción directa en el sistema nervioso: permite una derivación de la tensión nerviosa al sistema muscular.

Pero ejercicio físico no quiere decir que haya que agotarse inútilmente corriendo en el bosque todas las mañanas, detrás del autobús, o derrengarse con ejercicios abdominales. *Ante todo, el ejercicio físico debe ser una recreación, un placer, un medio y un momento privilegiado que nos permita restablecer los lazos íntimos con nuestro cuerpo.*

Oxigenarse es, por ejemplo, caminar por el bosque, pasear en bicicleta, practicar la jardinería...

También es importante señalar que el ejercicio es un buen calmante físico y psicológico: después de correr más de una hora, la tasa de triptófano cerebral aumenta en un 50%, lo que favorece la relajación física y evita la irritabilidad y agresividad.

Todos sabemos que es importante absorber diariamente las cantidades suficientes de vitaminas y oligoelementos para asegurar una buena salud y vitalidad, así como permitir reacciones metabólicas correctas.

Incluso leves carencias nutricionales pueden afectar al pensamiento, la memoria y toda la actividad cerebral, y por lo tanto al comportamiento y al estado de ánimo.

Aquel que, gracias a cierta alquimia,
sabe extraer de su corazón, para refundirlos,
compasión, respeto, abnegación, paciencia,
pena, sorpresa y perdón crea ese átomo
que llamamos AMOR.

Kahlil Gibran

Las vitaminas, oligoelementos
y *minerales*

Las vitaminas

Las vitaminas del grupo B están principalmente relacionadas con los trastornos psicoemocionales y de comportamiento. Según un sondeo, la mayoría de los franceses presenta estados carenciales de vitamina B (entre otras causas, por efecto de la píldora).

Esta carencia casi nacional puede entrañar trastornos de comportamiento cuantitativos y cualitativos de los neurotransmisores, fuente de depresión y otros trastornos neuropsíquicos.

Las vitaminas del grupo que afectan a los trastornos neuropsíquicos son las siguientes:

VITAMINA B1 O TIAMINA: vitamina hidrosoluble, fue la primera en descubrirse entre las vitaminas B.

El siguiente es un experimento realizado por investigadores rumanos: *compararon los análisis de orina de un grupo de sesenta y cinco pacientes neuróticos con los de cuarenta y nueve pacientes normales. Los primeros eliminaban dos veces más vitamina B1 que los segundos.*

Los análisis de sangre mostraron que los sujetos neuróticos presentaban un alto índice de piruvirato (elemento resultante de una reacción química intermedia que se acumula en la linfa sanguínea cuando el nivel de vitamina B1 es muy bajo en el organismo).

También comprobaron que los sujetos que consumen azúcar refinado de modo inmoderado presentaban síntomas agravados como ansiedad e irritabilidad..., lo que se explica fácilmente al saber que el metabolismo del azúcar refinado generalmente agota las reservas de vitamina B1.

La vitamina B1 interviene en la fabricación de neurotransmisores y la propagación del flujo nervioso. Las reservas de B1 se agotan en una o dos semanas. También se la conoce como la vitamina de la moral o de los nervios. Aportes insuficientes ralentizan la actividad cerebral.

La vitamina B1 normaliza las reacciones emocionales.

Signos carenciales: beriberi, cansancio extremo, pérdida del apetito, irritabilidad, pérdida de memoria, confusión mental, parálisis progresiva de los miembros inferiores con debilidad muscular, complicaciones nerviosas del alcoholismo, demencia, depresión...

Causas carenciales: cereales cocidos, cocción en agua (pérdida de aproximadamente el 40%) o microondas (pérdida del 30%), alcoholismo, tabaquismo, adicción al café, estrés...

Fuentes alimentarias: germen de trigo, pescados, cereales integrales, copos de avena, huevos, patatas, leche, leguminosas, frutas, nueces, avellanas, castañas, aves...

Cantidad diaria recomendada (CDR): entre 1,3 y 1,5 mg al día; esta cantidad tendrá que ser superior para los fumadores, alcohólicos, bebedores de café, deportistas, estresados y mujeres embarazadas o en período de lactancia.

Indicaciones: depresión, cansancio inexplicable, espasmofilia, mujeres embarazadas, en período de lactancia o que toman la píldora anticonceptiva, alcoholismo (protege de los efectos del alcohol).

VITAMINA B3, PP O NIACINA: vitamina importante para ciertos trastornos, especialmente nerviosos. Desempeña un papel capital en la producción de energía, pero también en la propagación del flujo nervioso; afecta asimismo al estado psíquico.

Interviene en la síntesis de ciertas hormonas como los estrógenos, la testosterona, la progesterona, la cortisona, la insulina o la tiroxina.

El aminoácido triptófano es un precursor de la vitamina B3 siempre y cuando la flora intestinal sea la óptima y suficiente el aporte alimentario en vitamina B2, B6 y proteínas (se requieren alrededor de 60 mg de triptófano para obtener 1 mg de vitamina B3).

Signos carenciales: piel seca, rugosa o ulcerada, inflamación del tubo digestivo, trastornos neuropsíquicos, depresión, nerviosismo, irritabilidad, pérdida de memoria, esquizofrenia, demencia, mala digestión, cansancio, mal aliento, dolor de cabeza...

Causas carenciales: cocción en agua, alimentación basada exclusivamente en cereales, alcoholismo, estrés, tratamiento antibiótico, cereales refinados...

Fuentes alimentarias: carnes blancas, pescados, cereales integrales, huevos, germen de trigo, verduras, frutas frescas, frutos secos (dátiles, higos)...

CDR: 15-18 mg/día.

Indicaciones: trastornos de comportamiento, ansiedad, pérdida del sentido del humor, cansancio, alcoholismo, toxicomanía, tabaquismo, migraña...

VITAMINA B5 O ÁCIDO PANTOTÉNICO (*panthos* = por todas partes): como su nombre indica, esta vitamina se encuentra en todo el organismo. Contribuye al buen funcionamiento del sistema nervioso gracias a su acción anti estrés y a la síntesis de neurotransmisores o neuromediadores (especialmente la acetilcolina).

Signos carenciales: cansancio, síntomas neurológicos, especialmente "quemazón en los pies".

Causas carenciales: calor de la cocción (pérdida del 40%), antibióticos, somníferos, píldora, alcohol, estrés...

Fuentes alimentarias: jalea real, huevos, cereales integrales, germen de trigo, verduras, champiñones, lentejas, productos lácteos...

CDR: 10 mg/día.

Indicaciones: situación de estrés, cansancio, mujer embarazada, en período de lactancia o que toma la píldora.

VITAMINA B6 O PIRIDOXINA: según un estudio, parece que el 80% de la población presenta estados carenciales de vitamina B6.

Permite la síntesis de neurotransmisores y la transformación del triptófano en vitamina B3. Ejerce una acción antiestresante, antidepresiva y antioxidante. Es fundamental para la formación de los pensamientos, las emociones y la coordinación.

Signos carenciales: cansancio, depresión, trastornos de la personalidad, atracción por el azúcar.

Causas carenciales: conservas, congelados, calor y cocción, alcohol, tabaco, cortisona, píldora...

Fuentes alimentarias: pescado graso, cereales integrales, germen de trigo, verduras, frutas (plátano), productos lácteos...

CDR: 2 mg/día. Las necesidades de vitamina B6 aumentan con la cantidad de proteínas consumidas así como en función de los ácidos grasos insaturados y el azúcar. Una alimentación muy grasa y rica en azúcar exige un aporte suplementario de vitamina B6.

Indicaciones: estrés y trastornos nerviosos, alcoholismo, tabaquismo, mujer embarazada, en período de lactancia o que toma la píldora, dolores neurológicos.

Contraindicaciones: la contraindicación viene provocada por un suplemento nutricional y no por la alimentación: enfermedad de Parkinson.

Cuidado con un consumo de vitamina B6 superior a 2 g/día (riesgo de afección nerviosa – polineuritis).

VITAMINA **B9** O ÁCIDO FÓLICO: asociada a la vitamina B12, ejerce una acción especial en el sistema nervioso. Impide las malformaciones nerviosas en el recién nacido, ayuda al organismo a sintetizar los neuromediadores y facilita el equilibrio emocional.

Diversos experimentos han demostrado que, privados del ácido fólico durante un período de cinco meses, los sujetos experimentan insomnio, pérdida de memoria e irritabilidad... Estos síntomas desaparecen en dos días, una vez se ha frenado la carencia.

Signos carenciales: cansancio, falta de apetito, pérdida de peso, trastornos nerviosos, trastornos de comportamiento, incluso demencia...

Causas carenciales: ancianos, enfermos, alcoholismo, mujeres embarazadas, verduras expuestas al sol, blanqueo de frutas y verduras, conservas, cocción, leche pasteurizada...

Fuentes alimentarias: ensaladas, verduras frescas (brócoli, espinacas, hinojos...), frutas frescas, cereales integrales, germen de trigo, huevos...

CDR: 300 mg/día para el adulto y 400 mg/día para la mujer embarazada.

Indicaciones: anemia de la mujer embarazada, prevención de malformaciones fetales, trastornos nerviosos, depresión, alcoholismo crónico...

Contraindicaciones: leucemia y cáncer (el metotrexato, medicamento utilizado contra el cáncer, es antagonista de la vitamina B6), antiepilépticos, antiinflamatorios y antibióticos.

VITAMINA B12 O COBALAMINA: desempeña un papel indispensable en el metabolismo de los glóbulos rojos, pero también en el sistema nervioso; actúa como agente antiestrés y anticansancio, sin olvidar su efecto antioxidante.

Signos carenciales: cansancio, pérdida de apetito, irritabilidad, depresión, inflamación dolorosa de la lengua...

Causas carenciales: enfermedad intestinal (Crohn) o ablación parcial del intestino, régimen vegetariano estricto, mujeres que toman la píldora.

Fuentes alimentarias: crustáceos, pescados, yemas de huevo, productos lácteos y carnes.

CDR: 1 mg/día para el bebé, 3 mg/día para los adultos y 4 mg/día para la mujer embarazada.

Indicaciones: estado de estrés, cansancio, pérdida de memoria, problemas nerviosos, mal humor crónico, dificultad de concentración, comportamiento agresivo, agitación...

Contraindicaciones: leucemias y cáncer (los investigadores se contradicen en este aspecto: algunos afirman que la vitamina B12 inhibe el desarrollo de los tumores y otros que estimula la metástasis).

VITAMINA C O ÁCIDO ASCÓRBICO: ciertamente, la vitamina más conocida y difundida, y con razón: está implicada en la casi totalidad de las funciones orgánicas. Actúa especialmente a nivel inmunitario, es un antioxidante capital para los fumadores y disminuye los síntomas de fatiga, ansiedad y depresión...

Signos carenciales: fatiga, agotamiento, ansiedad, depresión, irritabilidad, pérdida de apetito, déficit inmunitario, hemorragias, dientes descarnados.

Causas carenciales: Conservas, cocción, luz, alcoholismo, tabaquismo, enfermedades, mujer embarazada, en período de lactancia o que toma la píldora; la aspirina inhibe su absorción.

Fuentes alimentarias: cítricos, ensaladas, verduras, frutas frescas...

CDR: varía según los autores, pero oficialmente se sitúa entre 80 y 100 mg/día.

Indicaciones: mujer embarazada, en período de lactancia o que toma la píldora, alcoholismo, tabaquismo, enfermedades, ancianos...

Contraindicaciones: ninguna, salvo para el bebé de menos de un mes (interferencia con el hierro).

VITAMINA D O CALCIFEROL: A veces el calcio está suficientemente presente en el organismo, pero es mal asimilado: la vitamina D facilita la absorción del calcio a nivel intestinal.

Se almacena en el hígado, músculos y tejidos grasos, y se elimina en la materia fecal.

El calcio también permite la transmisión del flujo nervioso; es esencial para la coagulación y un regulador del ritmo cardíaco.

Signos carenciales: una carencia de vitamina D tendrá como resultado la no asimilación del calcio y el fósforo, con repercusiones en la salud de nuestros huesos, esqueleto, dientes y otros. La patología relacionada con esta carencia es el raquitismo en el niño y la osteoporosis en el adulto.

Causas carenciales: el plomo procedente de ciertos insecticidas es un violento antagonista de la vitamina D. Otro tanto ocurre con la testosterona, una hormona sintética utilizada en medicina. La falta de sol condiciona la síntesis de la vitamina D, y la cocción destruye una parte.

Fuentes alimentarias: los pescados y aceites de hígado de pescado, la yema de huevo...

No olvidemos la acción de los rayos solares, que además de su acción a favor de la asimilación del calcio, presentan propiedades microbicidas, resolutivas (que calman la inflamación), cicatrizantes, analgésicas y aceleradoras de los intercambios; también aumentan los glóbulos rojos.

Al contacto con los esteroles de la piel, los rayos ultravioleta del sol permiten la producción de vitamina D, esencial para fijar el calcio y el fósforo.

CDR: 400 mg/día y 600 mg para la mujer embarazada.

Indicaciones: raquitismo, osteoporosis, mujer embarazada o en período de lactancia, alcoholismo, cáncer, ancianos, vegetarianos estrictos.

Contraindicaciones: hipercalcemia, cálculos renales.

El aceite de parafina impide la reabsorción de la vitamina D. Los medicamentos antiepilépticos también son sus antagonistas.

Una sobredosis (superior a 2000 mg/día) puede provocar náuseas, vómitos, trastornos digestivos, calambres, dolor de cabeza, calcificaciones de ciertos órganos como el corazón, riñones o los vasos sanguíneos...

COLINA: sustancia antes conocida como vitamina B7; tiene propiedades lipotropas (que emulsionan las grasas), previene la acumulación de grasas en el hígado y participa en la formación de un neurotransmisor esencial para el cerebro: la acetilcolina, que participa del fenómeno de la memorización.

La colina también forma parte de la composición de la fosfatidilcolina, unos lípidos especiales que se encuentran en todas las células cerebrales.

Signos carenciales: pérdida de memoria, enfermedad de Alzheimer.

Fuentes alimentarias: verduras frescas con hojas, germen de trigo, lecitina.

CDR: probablemente 1 g/día.

Los oligoelementos

Para preservar todas las capacidades cerebrales, podríamos afirmar sencillamente que todos los oligoelementos son indispensables para una buena salud psíquica. Sin embargo, algunos de ellos parecen estar más implicados:

MAGNESIO: elemento antiestrés muy conocido, que siempre hay que asociar con las vitaminas del grupo B. Según un estudio realizado en Val de Marne, el 60% de la población de más de dieciocho años tendría una carencia de magnesio. Es uno de los elementos más abundantes e importantes del organismo (entre 25 y 30 g). La taurina, aminoácido azufrado antioxidante y antiestresante, protege las membranas celulares y fija el magnesio en las neuronas.

Signos carenciales: hiperexcitabilidad motora, calambres musculares, contracciones, ansiedad, depresión, insomnio, fatiga, pérdida de concentración, transmisión nerviosa ralentizada, espasmofilia...

Causas carenciales: el tabaco, el café y el alcohol, pero también la secreción masiva de adrenalina por un exceso de estrés contribuyen a la pérdida de magnesio; la píldora, las grasas saturadas, el ácido fítico (contenido sobre todo en el pan integral sin levadura), los problemas intestinales (sólo el 30% del aporte es absorbido por el intestino)...

Fuentes alimentarias: almendras, avellanas, nueces, higos, pescados, mariscos, leguminosas, brócoli, verduras, cereales integrales, chocolate, ciertas aguas minerales.

CDR: entre 300 y 500 mg/día.

Indicaciones: depresión, ansiedad, espasmofilia, insomnio, hormigueo de las extremidades, hiperexcitabilidad muscular, palpitaciones...

Contraindicaciones: no se debe tomar suplementos de magnesio si se padece insuficiencia renal o cistitis.

Magnesio y salud psíquica

El magnesio regula el nivel de calcio en el organismo. Y el calcio es el elemento que asegura la transmisión del flujo nervioso. El organismo sólo puede mantener su equilibrio cálcico cuando las reservas de magnesio son suficientes.

Además, desempeña un papel importante en el metabolismo de los glúcidos. Señalemos que muchas frutas ricas en "azúcares" también contienen una cantidad nada desdeñable de magnesio. *¿Acaso la naturaleza lo ha previsto todo?* Por el contrario, los glúcidos "refinados" (azúcar blanca, harina blanca) no lo contienen. Así pues, son alimentos difícilmente metabolizables. Además, para facilitar su asimilación, agotan nuestras reservas de magnesio.

El magnesio también ejerce una función sedante y calmante en el sistema nervioso, favorece el sueño (los insomnes generalmente presentan estados carenciales de magnesio), estimula la memoria y contribuye a mantener la juventud del cerebro (el envejecimiento se traduce en una disminución del magnesio celular).

El profesor Delbet añade que una carencia de magnesio predispone a la neurastenia. Además, el aporte insuficiente de magnesio alimentario sería en parte responsable de los procesos celulares cancerosos. Aunque esta afirmación no constituye una verdad absoluta, es prudente comprobar que en nuestra alimentación haya un aporte suficiente de este elemento.

En mi consulta recibí a un joven que padecía una gran irritabilidad nerviosa, con agitación y ansiedad. Este estado propiciaba que sus amigos lo evitaran y que su joven esposa contemplara la idea del divorcio.

Junto a un cambio en los hábitos alimentarios, le recomendé complementos de magnesio. Poco a poco su comportamiento fue modificándose y recuperó una cierta calma. La carencia de magnesio era en gran medida responsable de su estado psíquico.

Para evitar graves consecuencias, se recomienda consumir pan integral, sal marina no refinada, germen de trigo, higos, albaricoques, dátiles, plátano seco, algas, almendras... así como verduras verdes: de hecho, las hojas verdes contienen clorofila, que posee un átomo de magnesio en el centro de su molécula.

HIERRO: elemento indispensable para formar la hemoglobina (vehículo del oxígeno), participa en la síntesis de los neurotransmisores.

Signos carenciales: anemia, cansancio y propensión a la fatiga, falta de atención y concentración, y trastornos de la memoria.

Causas carenciales: el café y el té disminuyen la absorción intestinal del hierro.

Fuentes alimentarias: lentejas, perejil, yema de huevo, marisco, cacao, cereales integrales, habichuelas blancas (hay 9 mg de hierro por 100 g), espinacas.

CDR: entre 5 y 10 mg/día para los hombres; entre 15 y 20 mg/día para las mujeres en período de menstruación y entre 20 y 30 mg/día para las embarazadas.

Indicaciones: anemia, fatiga física y psíquica, pérdida de concentración...

Contraindicaciones: cuidado, el hierro es tóxico; no hay que recurrir a suplementos sin consultar a un médico.

LITIO: elemento muy conocido por su eficacia en los trastornos maníaco-depresivos (introducido en la psiquiatría en 1959), es fundamental en la regulación del sistema nervioso y de la mente. Es especialmente útil para ayudar al ansioso, al deprimido, al hiperexcitado, a quien padece dolores de cabeza o trastornos del sueño...

Fuentes alimentarias: remolacha, zanahoria, coles, lechugas, huevos, tomates, cereales integrales, verduras verdes, patatas, pescado... (el filete de arenque con patatas y aceite es muy rico en litio).

CDR: 2 mg/día.

Cuidado: ¡tóxico en dosis alta!

BORO: según el doctor James G. Penland, psicólogo norteamericano, este oligoelemento actúa en la actividad eléctrica del cerebro, y facilita la atención y la vitalidad.

Experimentalmente, sometió a un grupo de quince personas de cuarenta y cinco años a un régimen pobre en boro. De este modo pudo comprobar, mediante electroencefalogramas, que la actividad cerebral de los sujetos era más lenta que de costumbre (se detectaron muchas ondas alfa, características de los estados de somnolencia o previos al sueño).

El doctor Penland dedujo que el déficit de boro era la causa del descenso de la actividad cerebral.

Para consolidar esta afirmación estableció un régimen aún más pobre en boro. Así, advirtió que los sujetos sólo podían desarrollar actividades mentales elementales y simples, como chasquear los dedos o reconocer las letras del alfabeto, con una gran dificultad y lentitud... Penland restableció un régimen equilibrado con un óptimo aporte de boro (3 mg/día) y la actividad cerebral se normalizó completamente.

Fuentes alimentarias: nueces, leguminosas, brócoli, frutas (una manzana contiene alrededor de 0,5 mg de boro), miel...

CALCIO Y FÓSFORO: *El metabolismo cerebral está dominado por el intercambio de calcio y fósforo, y las neuronas son especialmente sensibles a la privación de iones de calcio (ca+). El calcio es necesario para la transmisión de mensajes nerviosos: cada vez que el cerebro envía un mensaje a un músculo* *mediante un nervio, ciertas sustancias químicas se liberan en el punto de contacto entre el músculo y el nervio (placa motriz). Una de estas sustancias es el calcio.*

Si el organismo recibe una alimentación con un débil aporte de calcio, los huesos y dientes liberan una parte de sus propias reservas para alimentar el sistema nervioso, de ahí los trastornos físicos que van de los problemas dentales a la caída del cabello (alopecia), las uñas quebradas y la osteoporosis. Si prosigue el déficit tendrán lugar problemas psíquicos debido a la carencia de iones de calcio en el sistema nervioso.

Experimento: si en un vaso sanguíneo inyectamos un producto que precipite el calcio, comprobamos que las neuronas del sistema nervioso quedan átonas, lo que provoca entre otras cosas un desequilibrio del sistema simpático, que rige los órganos de la digestión, la respiración, la circulación y las glándulas secretoras...

Desde un punto de vista químico, una pérdida o carencia de calcio supone calambres, nerviosismo, espasmofilia e insomnio...

Así pues, es indispensable que nuestra alimentación sea equilibrada y rica en calcio y fósforo. Es preferible encontrar estas sustancias en los vegetales y subproductos animales, donde se hallan en estado vivo.

Además, y ésta es una condición especial, la proporción calcio/fósforo debe ser idéntica para una buena asimilación y uso.

Entre los alimentos que respetan esta relación entre el calcio y el fósforo tenemos la leche y sus derivados: los quesos. También la encontramos, aunque de forma menos favorable, en los huevos, germen de trigo, oleaginosas y algas...

- La yema de huevo posee una elevada proporción de grasa fosforada: la lecitina, que se parece a la lecitina cerebral.
- El germen de trigo también es un alimento cerebral que, además de numerosas vitaminas, presenta un producto rico en fósforo, calcio y magnesio: la fitina. Su acción es específica en todos los casos de agotamiento intelectual y trastornos psíquicos.
- Las nueces también presentan una elevada cantidad de calcio y fósforo. Los adeptos a la teoría de las correspondencias (Paracelso) afirman que el parecido de los vegetales con nuestros órganos implica una acción terapéutica en función de sus similitudes. ¡Así, las nueces, que se parecen a las circunvoluciones cerebrales, presentarían una serie de virtudes en las patologías del cerebro!

Ciertos alimentos con predominancia ácida invalidan el efecto del calcio. Entre ellos, las carnes rojas, los frutos ácidos (naranja, limón, pomelo, piña...), ciertas verduras como la acedera, el berro o las espinacas cocidas, que tienen mucho ácido oxálico. Bebidas como la limonada contienen ácido cítrico.

- *Experimento: 53 niños hiperactivos, repartidos en tres grupos, se divierten con juguetes.*
- *El primer grupo, que no recibe ninguna colación entre las comidas, no refleja mejora alguna en su estado nervioso.*
- *El segundo grupo recibe una colación de 25 cl de leche. El alivio de su nerviosismo es evidente.*
- *El tercer grupo obtiene, además de los 25 cl de leche, una ración suplementaria de este líquido. Los progresos son dos veces más importantes que en el segundo grupo.*

COBRE: según ciertos biólogos, este oligoelemento ejerce una acción sedante y equilibrante, además de antiinfecciosa y antialérgica. *Se han realizado experimentos en ratas hembra: sometidas a un régimen desprovisto de cobre, paren ratoncitos con daños cerebrales. Además, son hipersensibles al ruido, tienen convulsiones y a veces caen en estados catatónicos (inercia, negativismo, actitudes y gestos extraños).*

Signos carenciales: infección crónica, inflamación, anemia, problemas cutáneos, síntomas nerviosos.

Causas carenciales: régimen vegetariano estricto o adelgazante, tratamiento con cortisona, enfermedad de Menkés.

Fuentes alimentarias: la leche y sus derivados, los productos marinos (ostras, algas, vieiras, huevas de pescado), yema de huevo, espinacas, lentejas, levadura de cerveza, verduras, almendras, aguacates, cacao, cereales, champiñones, ciruelas, soja.

CDR: 2 mg/día.

Contraindicaciones: cuidado, el exceso de cobre es especialmente responsable del endurecimiento de las arterias y del agravamiento de determinadas depresiones. Una carencia de vitaminas B3 y C provocan la subida de la tasa sérica de cobre, lo que implica desequilibrios neuropsíquicos.

CINC: Es un oligoelemento capital; está presente y es indispensable en las diversas reacciones enzimáticas. Se encuentra en gran cantidad en el hígado, el páncreas y el esperma.

El cinc interviene en el almacenamiento, utilización y liberación de la insulina por las células beta del páncreas. Participa en la síntesis de las proteínas, el ADN y el ARN.

Desempeña una función antiinflamatoria y lucha contra los radicales libres (cofactor de la SOD).

Además, el cinc es cofactor de más de doscientas enzimas y también desempeña un papel muy importante en la inmunidad y la regulación hormonal.

Algunas esterilidades masculinas tienen su origen en una carencia de cinc (¡cuidado pues con los excesos amorosos, que calientan el corazón y las articulaciones pero agotan el cinc!).

El cinc lucha contra el cadmio, elemento hipertensor (el depósito de cadmio en los riñones y arterias provoca arteriosclerosis). Ejerce una clara acción en la memoria y la atención cerebral.

Signos carenciales: manchas blancas en las uñas, infertilidad masculina, infecciones reiteradas.

Causas carenciales: alcohol, estrés, anticonceptivos orales, exceso de calcio y cobre, carencia de fósforo, transpiración importante...

Fuentes alimentarias: ostras y otros productos marinos, champiñones, productos lácteos, yema de huevo...

CDR: 15-20 mg/día y 30-60 mg/día durante el embarazo.

Yodo: regula la tiroides, que es la glándula de la emoción. El yodo participa en la maduración del cerebro, estimula la confianza en uno mismo, previene la alienación mental y la depresión nerviosa. Es el oligoelemento de los intercambios amorosos.

Signos carenciales: enanismo y cretinismo en el niño, mixedema, pérdida del apetito, torpeza, paperas.

Causas carenciales: suelos carentes de yodo, especialmente en regiones montañosas.

Fuentes alimentarias: cebollas, nabos, rábanos, verduras, sal marina, mariscos, piña, pescados, ajo, berros.

CDR: entre 150 y 200 g/día.

Otros minerales que contribuyen a la obtención de una buena salud psíquica

SODIO: asegura una buena distribución del calcio.

Fuentes alimentarias: sal marina, pescados y crustáceos, verduras crudas.

POTASIO: favorece la contracción y la relajación. Una carencia de potasio estimula el debilitamiento nervioso. Sin una reserva suficiente de este mineral, los nervios se asfixian y no conducen el flujo nervioso.

Fuentes alimentarias: piña, patatas, aves, pescados, albaricoques, tomates.

MANGANESO: nutre el cerebro y los nervios, ayuda a la coordinación neuromuscular, corrige ciertos trastornos cardíacos relacionados con el nerviosismo y la irritabilidad. Favorece la síntesis de ciertas hormonas sexuales así como la de la dopamina y la acetilcolina.

Fuentes alimentarias: cereales integrales, chocolate, frutos secos, clavo, tomillo, soja, nuez, jengibre.

Los ácidos grasos
esenciales (AGE)*

En su conjunto, el cerebro humano, las células nerviosas y sus conexiones (sinapsis), las membranas celulares, los receptores de las membranas y la capa de mielina (capa que recubre ciertos nervios y facilita la propagación de la transmisión nerviosa) son muy ricos en ácidos grasos poliinsaturados con 22 átomos de carbono, procedentes de dos ácidos grasos esenciales: el ácido linoleico y el ácido alfa-linoleico.

Es comprensible por qué una carencia alimentaria en estos dos AGE altera gravemente el desarrollo cerebral durante el período neonatal, en el que las necesidades de AGE son aún más importantes. Casi todas las leches artificiales que se proponen a las jóvenes mamás que no quieren o no pueden, por diversas razones fisiológicas o personales, dar el pecho a su bebé presentan carencias en AGE.

Además, en caso de nacimiento prematuro, las reservas de AGE del recién nacido sólo bastan durante un período de tres o

---

* Como complemento, consúltese Brun, *Le colesterol, mythe ou réalité* (véase la bibliografía).

cuatro días. Si esta reserva se emplea únicamente con fines cerebrales, el desarrollo está asegurado durante sesenta días en el caso del ácido linoleico y sólo trece para el ácido alfa-linoleico.

Es imperativo realizar un profundo estudio de este fenómeno en sujetos que presenten anomalías intelectuales o de comportamiento.

Según Jean-Marie Bourre, director de investigación del INSERM, para disponer de un cerebro "bien engrasado" cada día hay que absorber 2 g de ácido alfa-linoleico y 10 g de ácido linoleico.

Los ácidos grasos poliinsaturados producen sustancias celulares muy activas: las prostaglandinas, los trombocitos y los leucotrienos.

Las prostaglandinas (PG)

El nombre de prostaglandinas es, en realidad, un error. De hecho, en 1935 el doctor sueco Von Euler descubrió estas sustancias en el líquido prostático: ¡de ahí su nombre! Sin embargo, ya en 1930 se sabía que el líquido seminal del hombre tenía un efecto relajante en el músculo uterino humano.

En 1933, Goldblatt halla que la sustancia contenida en el líquido seminal es de naturaleza lipídica y presenta una acción hipotensora. En 1962, el equipo del profesor Bergström descubre la estructura química de determinadas prostaglandinas. En 1980 estas sustancias se agrupan bajo el nombre de eicosanoides.

Las prostaglandinas son verdaderas hormonas intracelulares indispensables (células nucleadas únicamente) de corta vida (menos de cinco minutos; son destruidas por las enzimas), pero que sin embargo han de estar permanentemente disponibles en cantidad suficiente. Los tejidos deben fabricarlas sin cesar, aunque en la actualidad algunas se pueden sintetizar.

Las prostaglandinas son reguladores metabólicos. Derivan de ácidos grasos poliinsaturados contenidos en la membrana de las células; estos ácidos derivan, a su vez, de ácidos grasos esenciales procedentes de nuestra alimentación.

Las PG son moléculas compuestas por 20 átomos de carbono.

Así pues, observamos claramente la necesidad de consumir regularmente ácidos grasos poliinsaturados, precursores de las PG. Señalemos que los EPA y DHA contenidos en los aceites de pescados procedentes de mares fríos son grandes precursores de las prostaglandinas.

Las PG controlan numerosas funciones esenciales y muy diferentes. Por ejemplo: la penetración intracelular –según las necesidades individuales y del momento– de las hormonas elaboradas por el tejido glandular, la estimulación de la secreción suprarrenal, la transmisión del flujo nervioso, el aumento de la presión arterial, los dolores menstruales y ciertas migrañas, algunos casos de esterilidad (las PG facilitan la penetración del espermatozoide en el óvulo; el esperma está ricamente provisto: unas 13 PG), las alergias y el complejo sistema inmunitario; además, la estimulación del músculo uterino durante el parto se debería a una eventual liberación de prostaglandinas.

En la actualidad conocemos perfectamente alrededor de una veintena de protaglandinas.

La acción de los diferentes tipos de PG a veces se contradice; se clasifican según el ácido graso del que derivan. Por comodidad, la veintena de prostaglandinas que se estudian en la actualidad se han denominado PG A a H y han sido numeradas de 1 a 3. Las PGE, PGF y PGI son, al parecer, las más importantes.

Familia de las PGE

Las **PGE 1** se sintetizan a partir del ácido linoleico (ácido graso esencial contenido principalmente en los aceites vírgenes biológicos procedentes del primer prensado).

La transformación del ácido linoleico en PGE 1 tiene lugar gracias a una enzima: la delta-6-desaturasa*, así como gracias a la presencia de cinc, magnesio y vitamina B6. Esta reacción fundamental queda bloqueada por el consumo inmoderado de alcohol, tabaco y aceites refinados y recalentados, ciertos virus, la falta de cinc, magnesio y vitamina B6.

La presencia de vitamina C facilita la transformación del ácido gamma-linolénico en ácido di-homo-gamma-linolénico. El aceite gamma-linolénico se encuentra directamente en los aceites vegetales de onagra y borraja, lo que constituye una obvia ventaja para la síntesis de las prostaglandinas.

La PGE 1 se opone a la aglutinación de las plaquetas, uno de los factores de la coagulación sanguínea, y también actúa como antiinflamatorio.

Las **PGE 2** se sintetizan a partir del ácido araquidónico, que procede de la transformación del ácido linoleico contenido en las carnes. Favorecen la agregación plaquetaria y la vasoconstricción. Así pues, su acción es anti-hemorrágica.

Las **PGE 3** se sintetizan a partir del ácido eicosapentaenoico contenido en el pescado procedente de mares fríos y a partir del ácido alfa-linolénico.

Favorece la fluidez sanguínea y la vasodilatación.

---

* La delta-6-desaturasa es una enzima inhibida por el ayuno, el aporte glucídico, el envejecimiento, las afecciones hepáticas, la diabetes, el cáncer, la tiroxina, el glucagón, los corticoides y la adrenalina... pero la activa la insulina y el aporte protídico.

Existe un problema nutricional muy importante: nuestros tradicionales aceites para cocinar en general son ricos en ácidos grasos poliinsaturados de la familia linoleica y pobres en ácidos grasos poliinsaturados de la familia alfa-linolénica, lo que implica una carencia en la producción de PGE 3.

La PGE 3 es la prostaglandina que estimula una cierta fluidez sanguínea (impide la agregación plaquetaria) y la vasodilatación (impide la hipertensión arterial). El único aceite vegetal que presenta un porcentaje importante (más del 50%) de ácido alfa-linolénico (precursor de la PGE 3) es el aceite de lino.

En la actualidad, el recurso fácil para compensar esta falta de PGE 3 consiste en consumir aceites o pescado de mares fríos, ricos en DHA y EPA, cuyas estructuras se asemejan a las del PGE 3.

Así pues, es conveniente lograr un equilibrio entre las diferentes prostaglandinas.

Estas hormonas celulares desempeñan la función de mensajeras entre la membrana de la célula y el núcleo celular, pero también entre las diferentes células del organismo.

Las prostaglandinas influyen en el funcionamiento de todas las células, controlando la acción de muchas enzimas fundamentales. Asimismo, desempeñan un papel regulador en los intercambios más allá de la membrana.

Las prostaglandinas también intervienen en el proceso de lucha contra la inflamación y la infección: si la célula es "atacada", la membrana celular libera PGE 2. De ello resulta:

– la dilatación de los vasos, y por lo tanto un mejor flujo sanguíneo que implica un aporte de glóbulos blancos y plaquetas;

– eventualmente, un aumento de la temperatura corporal, y

– una activación de las fibras nerviosas locales, que provoca la sensación de dolor.

Cuando se frena el "ataque", la PGE 2 debe bloquearse en su fabricación. Para conseguirlo se libera la PGE 1.

La PGE 1 y la PGE 2 ejercen una acción antagonista. Sin embargo, conviene velar por que su elaboración y secreción se mantengan en un equilibrio estable.

Señalemos que el sauce es una planta que, como la onagra, posee ácidos grasos poliinsaturados (linolénicos). Sabemos que los galos, nuestros antepasados, utilizaban la corteza de sauce para curar muchos males. Gracias a los medios técnicos modernos hemos podido localizar el principio activo contenido en la corteza del sauce: el ácido acetilsalicílico.

¡Esta molécula es el principio activo de nuestra célebre aspirina!

Sabemos cómo actúa la aspirina desde hace poco tiempo: el principio activo bloquea momentáneamente la síntesis de PGE 2, y por lo tanto la activación de las fibras nerviosas que provocan la sensación de dolor.

Origen de la clasificación en omega 3, 6, 9...

– Cuando el primer enlace doble parte del tercer átomo de carbono a partir del agrupamiento de metilo, el ácido graso poliinsaturado se denomina *omega 3*.

– Cuando el primer enlace doble parte del sexto átomo de carbono a partir del agrupamiento de metilo, el ácido graso poliinsaturado se denomina *omega 6*.

Fuentes alimentarias de los ácidos grasos
esenciales poliinsaturados

- *Omega 3:* aceites de colza, nuez o soja, pescados grasos, leche materna, EPA/DHA.
- *Omega 6:* aceites de girasol y maíz, pepitas de uva, GLA/DGLA, borraja, onagra.

> – *El ácido aracidónico, el ácido adrénico (22 átomos de carbono) y el ácido linoleico forman parte del grupo de omega 6.*
> – *El ácido alfa-linolénico (18 átomos de carbono) y el ácido cervónico (22 átomos de carbono) forman el grupo de omega 3.*
> – *El ácido docosahexaenoico (DHA) y el ácido eicosapentaneoico (EPA), ácidos poliinsaturados de largas cadenas que encontramos abundantemente en los pescados procedentes de mares fríos, también forman parte del grupo de omega 3.*

- Los ácidos grasos poliinsaturados de la serie omega 6 (ácido linoleico) son sensibles a la oxidación y al calor; por lo tanto, no hay que someterlos a cocción.
  Si tiene lugar un consumo excesivo de estos ácidos grasos poliinsaturados se utilizará más vitamina E de la cuenta, cuando ya el aporte nutricional es insuficiente. Esto provocará un aumento de los radicales libres, con riesgo de ateroma y diversos tipos de cáncer (especialmente, cáncer de mama).
- Los ácidos grasos poliinsaturados de la serie omega 3 (ácido alfa-linolénico) se encuentran en forma de DHA y EPA en los pescados grasos.

Un consumo elevado supone una clara protección contra las patologías cardiovasculares, contra determinados tipos de cáncer (mama), patologías inflamatorias, alérgicas y autoinmunes (soriasis, diabetes y esclerosis múltiple).

El cerebro humano es muy rico en ácidos grasos poliinsaturados de 22 átomos.

> **Fuentes alimentarias de los ácidos grasos esenciales**
>
> – **Ácido linoleico**: aceites vegetales de girasol, maíz, cacahuete o cártama, las pepitas de uva... y la leche materna.
> – **Ácido gamma-linolénico**: aceites vegetales de onagra, borraja, pepitas de uva y de rosa rubiginosa.
> – **Ácido aracidónico**: huevos, pescados de agua dulce, animales marinos y carnes magras.
> – **Ácido alfa-linolénico**: aceites vegetales de soja, germen de trigo, nuez, lino, mantequilla, pescado... y la leche materna.

Excitantes descubrimientos respecto a ácidos grasos olvidados

Los ácidos grasos omega 3, los aceites de pescado y el EPA son hoy en día términos familiares para las personas preocupadas por su salud. Durante el último decenio, los ácidos grasos omega 3, y en concreto el ácido eicosapentaenoico (EPA), se han hecho populares gracias a su efecto protector de las enfermedades cardiovasculares y los trastornos inflamatorios como la artrosis.

Sin embargo, el hermano del EPA, denominado ácido docosahexaenoico (DHA), ha quedado completamente eclipsado por su famoso hermano. El DHA ha sido objeto de recientes y fascinantes investigaciones, no sólo en asociación con el EPA (por ejemplo en las enfermedades cardiovasculares y la artrosis) sino también por sus propiedades para aumentar la agudeza mental, la función neurológica y el buen desarrollo del feto.

Los beneficios cardiovasculares

El DHA y el EPA, muy abundantes en el pescado procedente de mares fríos (caballa, arenque, salmón) y en ciertas especies de algas, son ácidos grasos poliinsaturados de la familia de los omega 3.

Una investigación ha demostrado que poseen propiedades bioquímicas sinérgicas que los hacen muy útiles en los problemas de salud. Una cantidad significativa de estudios han confirmado que el EPA y el DHA bajan el colesterol y al mismo tiempo establecen una mejor relación entre el HDL (colesterol bueno) y el LDL (colesterol nocivo).

Estos ácidos grasos omega 3 también bajan la tasa de triglicéridos que, cuando es elevada, puede ser un factor de desarrollo de enfermedades cardíacas.

Los trastornos inflamatorios

El EPA y el DHA se utilizan en el tratamiento de la artrosis, principalmente gracias a sus propiedades antiinflamatorias. Las propiedades de los omega 3 en la inflamación, así como en la coagulación sanguínea, se deben fundamentalmente a su función como precursores de la prostaglandina. Son sustancias semejantes a hormonas producidas a partir del metabolismo de las grasas alimentarias. Los ácidos grasos omega 3 se convierten en prostaglandinas de la serie 3 (PGE 3). Cuando su nivel es elevado se reduce la actividad de las prostaglandinas inflamatorias (PGE 2).

Función mental

El DHA es el principal componente de las membranas de las células nerviosas: aumenta la flexibilidad de las sinapsis en el cerebro (que están implicadas en la transmisión de las señales a los nervios). Cuando envejecemos o nos exponemos a los daños de los radicales libres, la transmisión de las señales se vuelve deficiente, lo que implica una pérdida de memoria y un descenso de la función nerviosa. La investigación ha señalado que las personas que padecen trastornos mentales como la demencia o la esquizofrenia tienen niveles muy bajos de DHA en las membranas de sus células nerviosas. Otro tanto ocurre con los individuos sujetos a diversos trastornos neurológicos.

Muchos científicos consideran que la absorción de DHA en mayor cantidad es un paso importante en el mantenimiento óptimo de las funciones cerebrales durante el envejecimiento. Sin embargo, los adultos no son los únicos susceptibles de padecer trastornos del comportamiento y desórdenes mentales causados por deficiencias de DHA. De hecho, se ha evidenciado una correlación entre el DHA y el trastorno de hiperactividad y la falta de atención.

Desarrollo del feto

Uno de los ejes más importantes en la investigación del DHA está relacionado con el hecho de que es necesario para el desarrollo del cerebro y el ojo en el feto y en el niño. Los investigadores creen que el aporte de DHA es uno de los principales factores que determinan la integridad de los tejidos nerviosos del cerebro y del ojo. El aporte de ácidos grasos en el feto queda determinado por el consumo de la madre, y el DHA se transfiere mediante la barrera sanguínea de la placenta.

Estos datos han hecho que muchos científicos recomienden aumentar el consumo de DHA a las mujeres embarazadas, a un tiempo para una adecuada evolución del embarazo y para reunir el aporte requerido para su propio consumo y el de su bebé. El comité WHO/FAO (World Health Organization/Food and Agriculture Organization) realiza grandes investigaciones que tienen como objetivo estudiar el aporte de las grasas y aceites en la nutrición humana.

Recomiendan añadir DHA a los preparados vitamínicos para niños con el fin de asegurar unas óptimas capacidades cognitivas y una buena agudeza visual.

Además, hay estudios que sugieren que un suplemento de DHA puede prolongar el embarazo, reduciendo así la frecuencia de bebés prematuros y aumentando el peso al nacer.

Las investigaciones existentes sobre los beneficios del DHA son sólidas, y hay muchas otras en curso.

"Cuida tu cerebro"

El cerebro humano es muy complejo. Aproximadamente diez mil millones de células nerviosas y casi cien mil millones de otras células más pequeñas se almacenan en un kilo y medio de materia cerebral. Cada célula nerviosa está conectada a otras muchas en una compleja red a través de la que circulan corrientes eléctricas. El avance científico reciente nos permite prestar a nuestro cerebro toda la atención que requiere.

Acciones

Todo el mundo necesita DHA, y la alimentación actual aporta muy poco. Las células del cerebro, de la retina y todas las partes del sistema nervioso vehiculan corrientes eléctricas que transportan los mensajes a través del organismo.

El DHA asegura la composición óptima de las membranas de las células nerviosas necesaria para la buena transmisión de las señales. Cambios de humor, pérdida de memoria y problemas neurológicos y visuales se han puesto en relación con un bajo nivel de DHA.

Los estudios llevados a cabo en niños han demostrado los beneficios del DHA: los niños que reciben un suplemento de DHA tienen un cociente intelectual superior al de aquellos que no lo reciben.

Los ancianos y todos los que deseen mejorar y aumentar sus funciones neurológicas harán bien en interesarse por el DHA porque puede aumentar la flexibilidad de las sinapsis cerebrales, necesaria para una óptima transmisión nerviosa. Estas sinapsis se endurecen con el envejecimiento y la acción de los radicales libres, lo que implica una ralentización de las transmisiones nerviosas y una alteración de la memoria y las funciones cognitivas.

Cuando el espíritu está colmado de alegría
el cuerpo se porta mejor y los objetos
presentes parecen más agradables.

René Descartes

La sociedad Solgar France ha aportado generosamente los textos relativos a los últimos descubrimientos.

Las diferentes patologías o aberraciones *mentales*

Generalmente atribuimos al cerebro trastornos más o menos graves. Se trata de:

– *neurosis* cuando se catalogan como ligeros, o
– *psicosis* cuando son trastornos más importantes.

La distinción entre ambos no es siempre fácil y, además, se puede pasar fácilmente de uno a otro. No obstante (para tranquilizar a los lectores que puedan dudar del buen funcionamiento de sus facultades psíquicas), tenemos que señalar que estos estados que se dicen patológicos a menudo no son sino exageraciones de la situación, el estado o el comportamiento que es fácil definir como normal.

Las psicosis se diferencian de las neurosis en el hecho de que modifican las características básicas del sujeto y pueden, lenta y progresivamente, destruir su relación con la realidad. Como consecuencia de ello tiene lugar un comportamiento diferente en su modo de vida y en sus relaciones con los demás, pues el sujeto deja de mantener una relación correcta con la realidad de la propia vida.

Tradicionalmente se atribuyen estos trastornos psicológicos a diversas causas como la herencia, conflictos de todo tipo, el estrés relacionado con la vida moderna... pero también, como hemos visto, a la ausencia de determinadas sustancias alimentarias como las vitaminas, oligoelementos, proteínas... así como a la calidad de los alimentos.

Las neurosis

La neurosis es un trastorno mental que no afecta a las funciones esenciales de la personalidad consciente. Se trata de trastornos psíquicos caracterizados por un comportamiento anormal del que el enfermo es consciente, sin poder dominarlo, por alteraciones de las emociones, los afectos y la integridad de las funciones mentales. Los más conocidos son *la astenia, la psicoastenia, la ciclotimia, la histeria, los trastornos cenestésicos, la anorexia mental, la ansiedad, las fobias, las obsesiones, las depresiones y la melancolía.*

- *La astenia:* jóvenes o menos jóvenes, todos la hemos conocido en determinado momento de nuestra existencia. Es el resultado de un agotamiento físico o intelectual, consciente o inconsciente, querido o involuntario, o del estrés físico/psíquico reiterado o mal aceptado, y por lo tanto mal gestionado. Los síntomas clásicos son el agotamiento, la fatiga general y la lasitud, con un cortejo de sensaciones como dolores de cabeza, dolores diversos, palpitaciones, insomnio, imposibilidad de concentración, fallos de memoria, ideas confusas e incluso, en los casos más importantes, confusión mental.

- *La psicoastenia:* idéntica definición, pero la acción se limita al nivel psicológico.

- *La ciclotimia:* anomalía psíquica caracterizada por la alternancia de períodos de excitación, con euforia e inestabilidad motora, y períodos de depresiones melancólicas.

- *La histeria:* neurosis caracterizada por una hiperexpresividad somática de estilo teatral que puede traducirse en crisis seudoconvulsivas, la estasia abasia (estado histérico en el que el paciente, sin ningún trastorno motor o sensitivo en los miembros inferiores, no puede permanecer de pie o caminar sin ayuda), parálisis y trastornos visuales.

- *Los trastornos cenestésicos:* pérdida de las sensaciones internas.

- *La anorexia mental:* afección psiquiátrica observada en ciertas jóvenes, caracterizada por la pérdida de apetito, el rechazo de la alimentación y un adelgazamiento progresivo.

- *La ansiedad:* enfermedad psíquica sin fenómeno somático, relacionada con el temor a una amenaza real o imaginaria.

- *Las fobias:* sistematización y fijación de la angustia en objetos, situaciones, actos o personas que se convierten en el objeto de la fobia.

- *Las obsesiones:* el rasgo definitorio de esta neurosis es el carácter forzado y compulsivo de ciertas ideas, temores o gestos que se imponen al paciente y lo arrastran a una agotadora lucha contra fenómenos forzados, sin que deje de darse cuenta de lo absurdo de su situación.

- *Las depresiones:* se distinguen diferentes tipos según su origen. Si la depresión depende de un acontecimiento, se dice que es reactiva. Esta forma de la enfermedad es la más común. Cuando la causa es interna, se dice que la depresión es endógena. En este caso se trata de una forma más rara, pero también más grave.

Las depresiones reactivas

Una situación de estrés en concreto, un duelo, un divorcio, la pérdida del empleo y, de un modo general, todos los acontecimientos emocionales traumáticos perturban el estado de ánimo y, en función de las personas, pueden acarrear una depresión. Así, tras el parto, ciertas mujeres pueden presentar un síndrome depresivo, que se denomina depresión *post-partum* o *baby blues*.

Las depresiones endógenas

La depresión acompaña a diferentes patologías psiquiátricas. Se trata sobre todo de melancolía, que se acompaña de un estado depresivo grave marcado por un dolor insoportable.

La psicosis maníaco-depresiva: es la forma más grave de depresión. Afectado por esta patología, el ánimo del enfermo pasa de un extremo al otro. Las fases de depresión alternan con fases maníacas.

Un caso aparte: la depresión estacional

La depresión estacional aparece en otoño y desaparece a principios de primavera. Esta forma especial de la enfermedad se debe a cambios en ciertos ritmos fisiológicos (conocidos como circadianos). Están regulados por la luz y, sobre todo, por la duración de los días.

Una vez que se ha confirmado el origen de esta forma de depresión, el tratamiento consiste en someterse a una luz muy intensa, en breves intervalos, una media hora al día durante cinco meses.

– *La melancolía:* depresión profunda caracterizada especialmente por un delirio de culpabilidad, desastre o maldición y por una angustia generalmente intensa; es frecuente el rechazo de los alimentos. El peligro más grave de esta neurosis es el suicidio.

Las psicosis

Son afecciones mentales caracterizadas por una desintegración y desorganización de la personalidad, con trastornos de la percepción, el juicio y el razonamiento, de las que el enfermo no es consciente. Su visión es delirante y pierde el sentido de lo real.

Las psicosis más conocidas son *la confusión mental, la catatonia, la esquizofrenia, las alucinaciones y la paranoia.*

– *La confusión mental:* el paciente tiene una percepción confusa del mundo exterior. Su pensamiento es lento e incoherente, tan sólo pronuncia algunas palabras o frases y no conserva ningún recuerdo de lo ocurrido durante el estado de confusión.

– *La catatonia:* actitud psicomotora constituida fundamentalmente por la inercia y la negación del exterior y, eventualmente, por actos paradójicos, actitudes, gestos y palabras extrañas y estereotipadas. La catatonia está generalmente relacionada con la esquizofrenia.

– *La esquizofrenia:* antes denominada demencia precoz, se caracteriza por la discordancia y el autismo a partir de los que puede emerger un delirio vago e incoherente, dominado por el sentimiento de transformación e irrealidad de uno mismo y del mundo exterior.

– *Las alucinaciones:* convicción íntima de una sensación percibida cuando ningún objeto exterior adecuado para excitar esa sensación se encuentra al alcance de los sentidos.

– *La paranoia:* delirio de interpretación.

Los antidepresivos

La llegada del Prozac® a finales de los años ochenta y su rápido éxito comercial han convertido a este antidepresivo en un verdadero fenómeno social. ¡Algunos creyeron que era la píldora de la felicidad!

El descubrimiento de determinados mecanismos fisiológicos implicados permitió desarrollar terapias médicas eficaces. A partir de los años sesenta se evidenció el papel de los diversos neurotransmisores en la depresión.

Hay muchas hipótesis que tratan de explicar el fenómeno aún oscuro de la depresión. Una de ellas apunta a una disminución en la cantidad de ciertos neurotransmisores como la dopamina, la serotonina o incluso la noradrenalina. Otra, más reciente, propone una desregulación de la acción de los neurotransmisores.

Al margen de su explicación, todos los antidepresivos que se utilizan en la actualidad tienen el efecto de aumentar la cantidad de estas sustancias liberadas en las conexiones entre las neuronas, es decir, las sinapsis, o impedir su degradación.

Paradójicamente, uno de los primeros efectos de los antidepresivos es aumentar el riesgo de suicidio. De hecho, antes de mejorar el estado de ánimo de los depresivos, estos medicamentos levantan las inhibiciones del comportamiento. Al principio del tratamiento, el enfermo está deprimido, pero encuentra la fuerza para poner fin a sus días.

Existen tres grandes categorías de antidepresivos:

Los antidepresivos tricíclicos

Deben su nombre a su estructura química. Se consideran muy eficaces especialmente en las depresiones endógenas. Sus efectos secundarios son numerosos, pero en general benignos y raros. Son los siguientes: sequedad bucal, bajada de la tensión arterial y determinados trastornos del ritmo cardíaco. Por último, la sobredosis de estos medicamentos es especialmente peligrosa, sobre todo en los enfermos con un elevado riesgo de suicidio.

Los inhibidores de monoamina-oxidasa (IMAO)

La monoamina-oxidasa es una enzima que tiene la función de degradar las sustancias (las aminas) que transmiten el flujo nervioso.

Los primeros IMAO ya no se utilizan debido a su toxicidad. Implican numerosos efectos secundarios, sobre todo cuando la administración del medicamento se asocia al consumo de alcohol. Los IMAO favorecen la hipertensión y proscriben el consumo de determinados alimentos. En la actualidad se utilizan IMAO selectivos que no provocan dolencias cardíacas ni interacciones alimentarias o medicamentosas. *Los más comunes son*: Humoryl® (toloxatona), Moclamine® (moclobemida) y Marsilid® (iponiazida).

Los inhibidores de la reabsorción de la serotonina (IRSS)

Aparecidos en 1988, estos antidepresivos también se denominan serotoninérgicos porque aumentan la concentración de la serotonina que circula entre neuronas. Los IRSS sustituyen ventajosamente a los IMAO porque se aplican a todas las formas de la depresión con pocos efectos secundarios y nula toxicidad cardíaca. Son los medicamentos más prescritos por los médicos de cabecera.

Entre los efectos indeseables se observan trastornos digestivos (náuseas, estreñimiento, anorexia, vómitos) y problemas a la hora de tratar las adicciones. En este caso, el abandono de la adicción se realiza gradualmente.

Los más conocidos son: Elavil® (amitriptilina), Topranil® (imipramina), Anafranil® (clomipramina), Pertofran® (desipramina), Prothiaden® (dosulepina), Ludiomil® (maprotilina), Kinuprinil® (quinupramina) y Surmontil® (trimipramina).

Los otros antidepresivos

Los antidepresivos de última generación actúan simultáneamente en diversas aminas (dopamina y serotonina), de ahí su eficacia. Menos conocidas, las sales de litio permiten aumentar la cantidad de serotonina transmitida. Se utilizan sobre todo en el tratamiento maníaco-depresivo. Asimismo, el litio permite controlar el estado maníaco, de un modo que aún no comprendemos.

Los más conocidos son: Prozac® (fluoxetina), Zoloft® (sertralina), Deroxat® (paroxetina), Seropram® (citalopram), Floxyfral® (fluoxamina).

Causas alimentarias de los desequilibrios *psíquicos*

Para funcionar bien, el cerebro y sus estructuras anexas tienen una necesidad imperiosa de amor – placer y locura – proteínas – enzimas – ácidos grasos esenciales – vitaminas – oligoelementos – oxígeno.

Las causas alimentarias de los desórdenes psíquicos y de comportamiento son de diversa naturaleza:

– Carencia de vitaminas, oligoelementos, enzimas, aminoácidos, ácidos grasos..., debido a una alimentación defectuosa, un mal uso de los alimentos (cocina, almacenamiento...), estrés (los radicales libres necesitan vitaminas y oligoelementos), una asimilación intestinal perturbada...
– Elementos nutricionales contenidos en nuestros alimentos, que se suman al metabolismo cerebral y lo perturban directamente (por ejemplo, el alcohol) o indirectamente (por ejemplo, las grasas saturadas, que provocan un estrechamiento del diámetro de las arterias cerebrales,

alterando así el aporte nutricional y oxigenado de las neuronas).

– Alimentos que perturban directa o indirectamente ciertos órganos como el hígado (órgano simbólico de la cólera), la tiroides (órgano simbólico de la emoción)...

– Los aditivos químicos y otros, que se acumulan en nuestros tejidos, especialmente en el cerebro y el sistema nervioso.

– La hora a la que se consumen determinados alimentos o bebidas.

– El estado de conciencia en que se ingieren ciertos alimentos o bebidas.

– La asociación de alimentos potencia o anula sus efectos (por ejemplo, la remolacha, la col roja y la col de Bruselas destruyen la vitamina B1; el ácido fítico que contiene la soja o el pan integral inhiben el cinc).

– Un ensuciamiento de origen alimentario o emocional de las células nerviosas a través del colon (emuntorios deficientes, adquiridos o heredados).

Independientemente de su origen, la mayoría de las veces estas diferentes causas actuarán de manera imperceptible, disminuyendo la atención, la memoria y la concentración... pero tal vez aumentando, al mismo tiempo, la agresividad, la ansiedad, el insomnio, la vulnerabilidad al estrés de todo tipo. Esto provoca una alteración de las ondas eléctricas en el cerebro, responsables a más o menos largo plazo y en cierta medida de algunos trastornos psíquicos y de comportamiento e incluso de algunas patologías degenerativas del sistema nervioso en su conjunto.

Así, algunos experimentos han demostrado que el niño que merienda Coca-cola y galletas o pan blanco con mermelada, y en la cena una pizza y pasta seguida de arroz con leche, no se encontrará en el estado de concentración propicio al trabajo escolar de reflexión y memorización que en la actualidad se exige de él. Se hallará en un estado de somnolencia, de bruma mental e intelectual que lo orientará a actividades ociosas como la televisión y su cortejo de series estúpidas.

Es posible corregir este estado psíquico e intelectual menoscabado modificando progresiva e inteligentemente el régimen alimentario, sin sectarismo alguno.

El alcohol*

El alcohol desempeña un papel preponderante como elemento pernicioso para nuestra salud psíquica (y física). Para algunos ha llegado a convertirse en un producto excitante, pero esto no es más que una ilusión, porque las fibras musculares no pueden utilizarlo como carburante. Por el contrario, altera notablemente el funcionamiento de las neuronas (células nerviosas), procurando una sensación de euforia, también transitoria. Para otros es un tranquilizante, un ansiolítico para combatir los terrores de la sociedad moderna.

El alcoholismo es directamente responsable de aproximadamente 40 000 muertes al año en Francia (unas 4000 en accidentes de carretera), y es la tercera causa de mortalidad.

En nuestro país hay dos millones de personas alcohólicas (entre ellas, 600 000 mujeres). Sin embargo, podemos pensar que cinco millones de individuos beben en exceso sin saberlo, pero que, en función de su temperamento y su capacidad hepática personal (la capacidad de eliminación de alcohol varía según el individuo), también son alcohólicos.

---

* Puesto que el propósito de este libro no consiste en desarrollar en detalle la problemática relacionada con el alcoholismo (ni con el tabaquismo), el lector interesado podrá procurarse fácilmente alguno de los numerosos libros publicados sobre el tema

La cirrosis es la enfermedad hepática generada por el alcohol; se trata de una degeneración del tejido hepático, cuyas funciones, esenciales para el organismo y la vida, quedan destruidas o reducidas al mínimo. La capacidad de contraer una cirrosis depende de las enzimas que transforman el alcohol en el hígado.

En general, los asiáticos, los negros y los latinoamericanos no poseen suficientes enzimas. Por esta razón en ellos el alcoholismo se manifiesta con una mayor abundancia de degeneraciones nerviosas respecto a la población europea. Al no sufrir el alcohol transformación alguna en el hígado, permanece en el organismo, donde tranquilamente puede atacar las células nerviosas y destruirlas sin remisión.

La noción de alcohólico es personal, pero, al margen de lo que digan y de la dosis, el alcohol es un veneno hepático, cerebral y... ¡celular!

Orgánicamente, el alcohol en todas sus formas altera las membranas celulares y produce radicales libres. Estas dos circunstancias explican claramente por qué los alcohólicos siempre están cansados, su rostro marchito, enrojecido o arrugado; envejecen y mueren prematuramente y presentan estados psíquicos alterados con regularidad.

Todos los alcohólicos –así como los fumadores (en general, ambas drogas y sus efectos nocivos se suman)– presentan carencia de vitaminas (vitaminas B, C, A...) y resisten mal a las infecciones del invierno y otras.

El carácter nocivo del alcohol depende de su concentración, de la cantidad ingerida y del momento de la ingestión. Así, un vaso de vino (de buena calidad) tomado con las comidas se diluye y metaboliza con rapidez, mientras que la misma dosis en ayunas causa trastornos e irrita las mucosas digestivas: los alimentos no la diluyen. Las células intestinales la reciben en una alta concentración, así como el hígado, que sufre y puede degenerar por su causa.

Para metabolizar este líquido, el hígado posee una enzima: la deshidrogenasa alcohólica o alcoholdehidrogenasa (ADH). Gracias a esta enzima hepática, el organismo resiste hasta el día en que llega la catástrofe.

Este fermento transforma la molécula de alcohol en acetaldehído (CH_3-COH) + dos átomos de H_2. Sin embargo, esta reacción necesita una cantidad importante de una coenzima: la amida nicotínica adenina dinucleótida (NAD).

Si la producción de H_2 es superior a la normal se desencadenará una sobreproducción de ácido láctico, que el filtro renal tratará de evacuar, lo que cansa inútilmente a este órgano que ya tiene mucho trabajo con la eliminación del ácido úrico.

Por esta razón los grandes bebedores de alcohol padecen crisis de gota: los cristales de ácido úrico se depositan en las articulaciones y presionan los cartílagos.

Recordemos que el ser humano sólo dispone de aproximadamente 1,50 g de ADH, lo que le permite oxidar tan sólo 150 g de alcohol al día. Más allá de ese nivel, el organismo recurre a otro sistema enzimático: el sistema xantina-oxidasa-catalasa (XOC), que emplea nucleótidos (prótidos que forman parte de la composición de los ácidos nucleicos, ADN o ARN, contenidos principalmente en el núcleo celular de las sustancias nitrogenadas).

Al margen del modo de oxidación del alcohol, siempre se produce acetaldehído. Ahora bien, esta sustancia presenta una afinidad especial con una enzima importante: la coenzima A, que es el eje central del ciclo de Krebs. Esto explica por qué el consumo inmoderado de alcohol provoca una disminución del catabolismo de los triglicéridos en el ciclo de Krebs. Las grasas se acumulan más fácilmente y en mayor cantidad en los tejidos (por el aumento de su síntesis), y especialmente en el tejido hepático y la sangre. La consecuencia de este fenómeno es la ateroesclerosis y más tarde la arteriosclerosis.

Todos sabemos que el alcohol es también un poderoso veneno para el sistema nervioso, que provoca reflejos lentos, pérdida del equilibrio, malestar, y pérdida de la memoria y la concentración.

Cada vez que una persona toma alcohol, independientemente de la cantidad y la razón, provoca daños irreparables a su cerebro: destruye decenas de miles de células cerebrales.

Hoy sabemos que el alcohol paraliza los circuitos cerebrales inhibidores, lo que explica la pérdida del miedo y de la sensación de peligro... ¡Nos atrevemos a hacer y decir cosas hasta entonces prohibidas! Sin olvidar que el alcohol ataca la capa de mielina (capa que rodea ciertos nervios y permite la propagación del flujo nervioso; la mielina también queda destruida en la esclerosis múltiple), reduce la rapidez de los reflejos, descoordina los movimientos y desequilibra (efectos causados por la caída de la dopamina), y suele provocar pérdida de memoria.

En resumen, el cerebro se ve afectado en su totalidad, tanto a nivel de comportamiento como sensorial, intelectual y afectivo.

El tabaco

Desde su introducción en Europa en el siglo XVI, el tabaco se ha convertido en el azote social por excelencia. Al igual que el alcohol, es la droga del siglo XX, y traduce claramente la tensión nerviosa, la ansiedad y la inseguridad que minan a nuestros conciudadanos, que pretenden escapar al "infierno moderno" mediante estas drogas.

Debido a la imperceptible lentitud de sus efectos perniciosos, el tabaco es uno de los factores de riesgo de trastornos neurológicos, mentales y de los daños al sistema cardiovascular en su conjunto.

Desgraciadamente, incluso el no fumador padece con frecuencia los mismos inconvenientes que el fumador consumado. Las nuevas disposiciones en cuanto a la libertad de los no fumadores no ha puesto orden en los espíritus, libertades y derechos de cada uno con respecto a la salud.

Se han detectado más de 7000 componentes diferentes en el humo de los cigarrillos. Cuatro de esas sustancias son especialmente interesantes para cierta parte de la etiología de las patologías cardiovasculares, pero también a nivel cerebral:

1. *La nicotina* ($C_{10} H_{14} N_2$): responsable de la toxicomanía del tabaco, es un violento veneno que afecta preferentemente al sistema nervioso, acelera el ritmo cardíaco y aumenta la tensión arterial (como reacción, el organismo segrega catecolaminas, que provocan una constricción de los vasos, incluidos los cerebrales). Además, esta reacción indirecta al estrés mediante una secreción de hormonas suprarrenales y nerviosas (adrenalina) aumenta la presencia en sangre de ácidos grasos y colesterol (baja el HDL). La sangre se espesa y alimenta difícilmente al cerebro.

   La nicotina se concentra en proporciones variables en función del tipo de tabaco. Así, el de Virginia contiene poca nicotina, mientras que el de Chile presenta una proporción cercana al 10% (algunos lo definen como el "tabaco del diablo"). La nicotina pasa muy rápidamente a la sangre y al cerebro (el 25% en los siete segundos que siguen a una "calada"). Evidentemente, y ésta es la explicación que en general ofrecen los fumadores, la nicotina aumenta la concentración, asienta la confianza en uno mismo y procura una cierta sensación de relajación y bienestar.

2. *El óxido de carbono* (CO): su presencia y concentración reducen la fijación del oxígeno en los hematíes (glóbulos rojos), lo que provoca una deficiente oxigenación cerebral. El fumador es un asfixiado que ignora su condición, y también asfixia sus células cerebrales.

3. *Las sustancias irritantes*: ralentizan y paralizan los movimientos de los cilios que recubren el árbol bronquial: la expulsión de los residuos tóxicos, el polvo y el alquitrán deja de realizarse o tiene lugar difícilmente.

4. *Los alquitranes*: existe el consenso de que son cancerígenos.

> *La vida empieza a consumirse en cuanto encendemos un cigarrillo.*
>
> Hirayama

Acciones consecutivas y correlativas del consumo del tabaco

– Aceleración del corazón.
– Importante producción de catecolaminas (provocan espasmos, principalmente en las coronarias).
– Vasoconstricción de las paredes arteriales y del corazón.
– Aumento de la presión arterial.
– Aumento del número de glóbulos blancos y rojos.
– Aumento del CO_2 relacionado con la hemoglobina de los hematíes.
– Déficit de oxígeno en los tejidos.
– Estimulación de la función plaquetaria (agregación). En las hojas de tabaco hay una sustancia que contiene rutina (vitamina P, que también encontramos en el trigo sarraceno), que acelera la coagulación sanguínea e irrita la pared interna de las arterias. Esta particularidad aumenta la viscosidad sanguínea, lo que provoca una VS (velocidad de sedimentación) que puede ser de 0 a partir de la primera hora.
– Aumento de la rigidez de la membrana celular de los hematíes, que pierden su flexibilidad y circulan a menor velocidad en los capilares sanguíneos (capilares cuyo diámetro es normalmente más pequeño que el de los glóbulos rojos, lo que explica por qué es absolutamente indispensable que sean flexibles para circular libremente por ellos); esto también implica un descenso de la VS.
– Disminución de las lipoproteínas HDL y aumento de las LDL.
– Alteración funcional del endotelio vascular (modificación de la permeabilidad a los lípidos, disminución de la producción de PG 1 y 2, y tumescencia).
– Modificación de las funciones macrofágicas.

El café

A principios del siglo XVII, el café sólo se encontraba en las boticas, y sus efectos psíquicos excitantes se consideraban tan poderosos y aun nocivos que sólo los médicos estaban autorizados para prescribirlo.

El olor del café se debe a una molécula aromática (entre las 500 que lo componen): la cafeína. Una taza de café contiene entre 100 y 200 mg de cafeína, una sustancia tóxica, un veneno violento. Esto también es válido para la teína, la teobromina del cacao o la Coca-cola, que son alcaloides desprovistos de valor nutritivo.

El café es un excitante cardíaco y nervioso, pero también bloquea las sustancias cerebrales inhibidoras que ralentizan la actividad cerebral, lo que explica el efecto tónico de esta bebida.

Los investigadores creen que al actuar del mismo modo que la adrenosina (sustancia segregada por las terminaciones nerviosas que frena la actividad de las células del cerebro), a la que sustituye, la cafeína se fija en los receptores celulares impidiendo que la adrenosina ejerza su efecto inhibidor en el cerebro: de este modo se preserva la excitabilidad de las células cerebrales. Según ciertos especialistas, dos tazas de café bastan para bloquear durante dos horas la mitad de los receptores cerebrales de la adrenosina.

Para el organismo, la cafeína es un veneno del que debe liberarse a cualquier precio (descarga de adrenalina en las glándulas suprarrenales y el sistema nervioso). Para realizar esta tarea hay una liberación de energía, de ahí la sensación tonificante que nos invade después de tomar café, pero sin un aporte energético suplementario: se utiliza el que está disponible.

El café permite que ciertas personas anulen sus inhibiciones psíquicas, miedos, angustias, timidez, temor... y se muestren activos.

En la actualidad, el café y el tabaco son sinónimos de buena convivencia y permiten desarrollar tareas desagradables. Son verdaderas drogas que generan adicción. Algunas personas, privadas de la sustancia que los sostiene, padecen bruscos dolores de cabeza, incapacidad de concentración y una caída de la eficacia en su empleo.

Cinco minutos después de la ingestión de un café, la cafeína alcanza la sangre, y hacen falta entre diez y doce horas para la eliminación de esa molécula.

Como todos saben, el café aumenta el ritmo cardíaco y la presión arterial, excita las facultades cerebrales, la atención, la concentración y la vigilancia. Pero para algunos es un "laxante" matinal: provoca espasmos y contracciones del peristaltismo intestinal y desencadena la defecación matinal.

¿Qué debemos pensar de esta sustancia que altera progresivamente nuestras facultades mentales? ¿Y del tradicional descafeinado? ¡En la actualidad se utiliza tricloretileno para descafeinar el café!

El té

A menudo la gente nos dice: "Bebo té, es mejor que el café; he leído que contiene vitaminas y minerales, y como no hay torrefacción, no es cancerígeno... ¿verdad?".

Aun a riesgo de disgustar, hay que responder que esto no es totalmente exacto. Por supuesto, no hay torrefacción, pero el té contiene aproximadamente un 4% de teína, un alcaloide del mismo tipo que la cafeína. Así pues, el té no es menos tóxico que el café, y sus efectos sobre el organismo son casi idénticos.

Es cierto que al tomar té el efecto tónico y nervioso del café es inferior. Esta diferencia se debe a la presencia de taninos en el té. Estos taninos ejercen un efecto de contención: retienen la difusión de la teína en la sangre, y el efecto se difunde más lentamente.

El té es, pues, tan nocivo como el café. Obviamente, hay que señalar el matiz del origen y la calidad del té. Algunos, como el de la Pagoda, contienen muy poca teína y no son en absoluto nocivos o excitantes.

El chocolate

Para obtener cacao, se tuestan los granos procedentes de las vainas. El cacao puro es muy amargo e incomestible. Para que sea una fuente de placer gustativo hay que modificarlo con el aporte de ciertos elementos como el azúcar y la mantequilla de cacao.

El chocolate así obtenido contiene, sin embargo, un alcaloide (entre 800 moléculas): la teobromina (entre 250 y 500 mg por 100 g de chocolate negro), que significa literalmente "néctar de los dioses". Pero también contiene cafeína (70 g por 100 g de chocolate negro) y teofilina. Como el té, el chocolate contiene taninos que impiden la rápida difusión de los elementos alcaloides.

Además, hay otra molécula, la feniletilamina, relacionada con las anfetaminas (excita el sistema nervioso central y aumenta la actividad física y psíquica). Esta molécula explicaría la dependencia de los adictos al chocolate: al llegar al cerebro esta sustancia provoca sensaciones agradables, intensas, euforizantes y estimulantes: ¡se dice que el chocolate excita los ardores de Venus! Lo cierto es que durante los lances amorosos nuestro cerebro segrega neurotransmisores idénticos.

Si queremos mantener esa sensación agradable hemos de continuar consumiendo chocolate, preferentemente negro... y sucumbiremos a la adicción a este producto (más de 100 g al día).

El chocolate también contiene ácido oxálico, con lo cual está contraindicado en el caso de cálculos renales con oxalatos. En él encontramos serotonina (efecto relajante) y vitaminas E y B3, así como minerales, entre los que aparece el famoso y difundido magnesio.

Para quitar la culpa a sus "adeptos", señalemos que el chocolate clásico, normal, es muy hiperglucémico, pero que el chocolate negro, por el contrario, tiene un bajo índice glucémico (véase Brun, *Le diabète exactement*); requiere poca insulina y por lo tanto no provoca fatiga del páncreas ni hipoglucemia reactiva.

En Francia, en 1995 se consumieron alrededor de 5 kg de chocolate por habitante, 9 en Suiza y 3 en Estados Unidos.

La Coca-cola

La famosa Coca-cola (o la Pepsi-cola), tan apreciada por nuestros jóvenes y querubines, contiene cafeína y ácido fosfórico, que irritan las mucosas digestivas. Además, estas bebidas son muy acidificantes (pH 2,5), y por lo tanto desmineralizantes, sin olvidar la elevada cantidad de azúcar que incita al páncreas a una mayor secreción insulínica.

El alcohol, el tabaco, el café, el té, el chocolate y las bebidas de cola mantienen e inducen una dependencia importante en los sujetos predispuestos. El sistema nervioso y el organismo entero se habitúan a funcionar gracias a estos *starters*, que para algunos acaban por convertirse en verdaderos psicotropos.

Se habla de dependencia cuando no podemos interrumpir el consumo de estos productos durante días o semanas sin sufrir trastornos físicos y de comportamiento característicos del síndrome de abstinencia: irritabilidad, falta de concentración y memoria, agresividad, insomnio, pérdida de libido, etc.

La sal

¿La sal es un alimento perjudicial para la buena salud mental? ¡Sí!

Tomada regular y abundantemente, la sal reduce la eficacia mental y priva al cerebro de un aporte sanguíneo suficiente. Provoca la angostura de las arterias, lo que impide al cerebro (células cerebrales) recibir el oxígeno y las sustancias nutritivas que le son absolutamente necesarias.

– Una de las claves de una buena salud psíquica consiste, pues, en no impedir la circulación cerebral. ¿No se suprime la sal del régimen de las personas que padecen hipertensión arterial?

La carne

Como alimento igualmente pernicioso para la salud psíquica se encuentra la carne, que ha provocado tanta polémica que en esta obra nos limitaremos a citar algunos extractos del libro *Hrani Yoga, le sens alchimique de la nutrition*, de Omram Mikhael Aïvanhov (ed. Prosveta):

El hombre sabe aproximadamente qué alimento debe dar a su cuerpo físico. Digo "aproximadamente" porque la mayoría de la gente come carne, lo que es nocivo para su salud física y psíquica. [...] Desgraciadamente, al comer carne, la mayoría de nosotros nos asemejamos a cementerios repletos de cadáveres, y no a templos. [...] Comprobamos que los grandes carnívoros son animales feroces y que a su paso expelen un hedor espantoso, mientras que los herbívoros tienen costumbres más apacibles. El alimento que absorben no los vuelve violentos ni agresivos, mientras que la carne hace que los carnívoros sean irritables. [...] Así, al comer carne estamos en contacto cotidiano con el miedo, la crueldad y sensualidad de los animales. Quien come carne mantiene en su cuerpo un vínculo invisible con el mundo de los animales y se sorprendería si viera el color de su aura. [...] Cada hombre está acompañado de las almas de los animales cuya carne ha comido... La carne corresponde a un elemento especial en el pensamiento, los sentimientos y los actos. [...] Porque la carne representa todo esto: la violencia en el plano físico, la sensualidad en el plano astral y el egoísmo en el plano mental.

Esta cita es lo suficientemente explícita respecto a los perjuicios de la carne, tanto para la salud física como para la salud psíquica.

Refinados, insecticidas, colorantes, medicamentos

En nuestra alimentación hay ciertas vitaminas –en especial las del grupo B– que normalmente se conocen como vitaminas del sistema nervioso. Ahora bien, el componente general de este grupo B es el ácido para-amino-benzoico. Este ácido es degradado por el arsénico, sustancia contenida en la fina película de insecticida que en la actualidad cubre la mayor parte de nuestras frutas.

Los colorantes alimentarios, así como ciertos embalajes, también contienen arsénico.

Los medicamentos alopáticos, por ejemplo los antibióticos, destruyen ciertas bacterias intestinales que son indispensables para la formación de la vitamina B.

Otros agentes destructores de la vitamina B son los alimentos refinados, blanqueados, descortezados, "no integrales". De hecho, para asimilar estos alimentos refinados como los hidratos de carbono (arroz blanco, pan blanco...) hace falta la vitamina B que no contienen. Así pues, en este caso es necesario que el organismo libere una parte de sus reservas en su sistema nervioso. A continuación sigue un empobrecimiento nervioso de vitamina B, y a veces patologías mentales.

– *Experimento 1: en la alimentación de un grupo de volun-tarios que transmiten "la alegría de vivir" se suprime el aporte de vitamina B.*

Rápidamente los sujetos se vuelven tranquilos, se abu-rren y permanecen tendidos, inactivos durante horas. Si a su ración alimentaria se añade levadura (que contiene vitamina B), sus síntomas depresivos se desvanecen y acaban por desaparecer.

– *Experimento 2: si a la alimentación de los niños con dis-minución psíquica se añade un complejo vitamínico del grupo B, se obtiene una mejora muy importante de su problema.*

Según el doctor Tom Spies, los enfermos mentales que padecen carencias de vitamina B presentan un metabolismo cere-bral reducido en un 60%.

La American Schizophrenic Fondation informó que en 1980 el 80% de los esquizofrénicos tratados con un complejo de vitamina B, sumado a la vitamina C, experimentaron una clara mejora de su estado.

El humo del tabaco, la cocción de los alimentos, la conge-lación, el agotamiento mental o físico, los barbitúricos y el ácido tánico del té destruyen la vitamina C. El organismo no la elabo-ra ni la almacena; por lo tanto, diariamente hay que suministrar-le una cierta cantidad (entre 70 y 75 mg/día). Un consumo regu-lar, no abusivo, de frutas frescas constituirá un aporte suficiente.

Resumen de los alimentos según su contenido
(lista no exhaustiva y sin valor prescriptivo)

Alimentos ricos en triptófano

(precursor de la serotonina-hormona del sueño)

Fuentes: plátano – leche – pavo – piña – huevo – dátiles – nuez

Causas carenciales: alcohol y otras drogas, estreñimiento

Cofactores: magnesio, litio, vitaminas B, los placeres de la vida

Efectos: somnolencia, apatía mental, relajación, confusión mental, freno a las pulsiones de cualquier naturaleza, antidepresivo natural, ansiolítico, aumenta la tolerancia al dolor

Alimentos ricos en tiramina

Fuentes: queso fermentado – chocolate – cerveza – plátano – embutidos – vísceras – carne de buey – vino – champán – soja – nata

Efectos: excitante, estimulante, estimula la conversación y la sociabilidad

¡Cuidado con el dolor de cabeza!

Alimentos ricos en tirosina

(precursor de la dopamina y la noradrenalina)

Fuentes: carne – queso

Cofactores: vitaminas B6, B9 y C, magnesio, hierro

Efectos: estimulante cerebral, aumenta la atención, acelerador de las pulsiones, aumenta la libido, antidepresivo, ansiolítico, aumenta la motivación

Alimentos ricos en fenilalanina

(precursor de la tirosina, dopamina y noradrenalina)

Fuentes: carne – queso – clara de huevo – soja – garbanzos

Efectos: estimulante cerebral, aumenta la atención, acelerador de pulsiones, aumenta la libido, antidepresivo, ansiolítico

Alimentos ricos en metionina

(síntesis de la fosfatidilcolina y neurotransmisores)

Fuentes: ajo – cebolla

Causas carenciales: alcohol

Efectos: antioxidante, transporte del selenio, depresión

Alimentos ricos en glutamina

(precursor del GABA y ácido glutamínico)

Fuentes: salvado – trigo integral – almendra – avellana

Cofactores: vitamina B6 y manganeso

Efectos: mejora la memoria y la vivacidad cerebral, combate la ansiedad y el nerviosismo

Alimentos ricos en histidina

Fuentes: carne – lácteos – cereales integrales – leche vegetal – huevo

Efectos: transmisor del flujo nervioso, regulador emocional y del comportamiento, libido

Alimentos ricos en cafeína y alcaloides

Fuentes: café – té – Coca-cola – chocolate – menta

Efectos: tónico, hipertensivo arterial

Alimentos con acción antitiroidiana

Fuentes: coles – maíz – nabo – cebolla – hinojo – yuca – rábano

Efectos: relajación, sueño

Alimentos ricos en vitamina B1

(tiamina)

Fuentes: germen de trigo – arroz – avena – almendra – nuez – avellana – patata – cereales integrales – copos de avena – huevo – pescado – aves

Causas carenciales: cereales blanqueados, cocción en agua (pérdida de aproximadamente el 40%) o en microondas (pérdida del

30%), alcoholismo, tabaquismo, adicción al café, estrés

Efectos: depresión, cansancio inexplicable, espasmofilia, mujer con tratamiento anticonceptivo, embarazada o en período de lactancia, alcoholismo (protege de los efectos del alcohol)

Alimentos ricos en vitamina B3

(niacina)

Fuentes: aves – atún – rodaballo – pez espada – nuez – almendra – avellana – cereales integrales – huevo – germen de trigo – verduras – frutas frescas – frutos secos (dátiles, higos)

Causas carenciales: cocción en agua, alimentación exclusiva a base de cereales, alcoholismo, estrés, tratamiento antibiótico, cereales refinados

Cofactores: el aminoácido triptófano es un precursor de la vitamina B3, siempre y cuando la flora intestinal sea correcta y suficiente el aporte alimentario de vitaminas B2, B6 y proteínas (son necesarios unos 60 mg de triptófano para obtener 1 mg de vitamina B3)

Efectos: propagación del flujo nervioso, importante efecto en el estado de ánimo psíquico; también interviene en la síntesis de ciertas hormonas como los estrógenos, testosterona, progesterona, cortisona, insulina y tiroxina

Alimentos ricos en vitamina B5

(ácido pantoténico)

Fuentes: jalea real – huevo – cereales integrales – germen de trigo – legumbres – champiñones – lentejas – productos lácteos

Causas carenciales: calor de la cocción (pérdida de aproximadamente el 40%), antibióticos, somníferos, píldora, alcohol, estrés

Efectos: ayuda al buen funcionamiento del sistema nervioso mediante su acción antiestrés y la síntesis de neurotransmisores o neuromediadores (sobre todo acetilcolina)

Alimentos ricos en vitamina B6

(piridoxina)

Fuentes: pescados grasos – cereales integrales – germen de trigo – verduras – frutas (plátano) – productos lácteos

Causas carenciales: conservas, congelados, calor y cocción, alcohol, tabaco, cortisona, píldora

Efectos: síntesis de neurotransmisores y transformación del triptófano en vitamina B3; acción antiestrés y antidepresiva, antioxidante; es esencial para la formación de los pensamientos y las emociones, así como para la coordinación

Contraindicaciones: la contraindicación deriva de un suplemento nutricional y no de la alimentación: enfermedad de Parkinson (levodopa); cuidado con un consumo superior a los 2 g/día de vitamina B6 (riesgo de afección nerviosa – polineuritis)

Alimentos ricos en vitamina B9

(ácido fólico)

Fuentes: ensaladas – verduras frescas (brócoli, espinaca, hinojo...) – frutas frescas – cereales integrales – germen de trigo – huevos

Causas carenciales: ancianos, enfermos, alcohólicos, mujeres embarazadas, verduras expuestas al sol, blanqueado de frutas y verduras, conservas, leche pasteurizada

Cofactores: vitamina B12

Efectos: ayuda al organismo a sintetizar los neuromediadores, favorece el equilibrio emocional

Contraindicaciones: leucemia y cáncer (el metotrexato, medicamento utilizado contra el cáncer, es antagonista de la vitamina B9), así como los antiepilépticos, antiinflamatorios y antibióticos

Alimentos ricos en vitamina B12

(cobalamina)

Fuentes: crustáceos – pescado – yema de huevo – productos lácteos – carne

Causas carenciales: enfermedad intestinal (Crohn) o ablación parcial del intestino, régimen vegetariano estricto, mujeres que toman la píldora anticonceptiva

Efectos: estados de estrés, cansancio, pérdida de memoria, trastornos nerviosos, mal humor crónico, dificultad de concentración, comportamiento agresivo, agitación

Contraindicaciones: leucemias y cáncer (los investigadores se contradicen a este respecto: algunos dicen que la B12 inhibe su desarrollo, mientras que otros afirman que estimula la metástasis)

Alimentos ricos en vitamina C

(ácido ascórbico)

Fuentes: cítricos – frutos rojos – kiwi – perejil – papaya – guayaba – brócoli

Causas carenciales: conservas, cocción, luz, alcoholismo, tabaquismo, enfermedades, mujer embarazada, en período de lactancia o que toma la píldora (la aspirina inhibe su absorción)

Efectos: antioxidante en los fumadores, disminuye los síntomas de fatiga, la ansiedad y la depresión

Alimentos ricos en vitamina D

(calciferol)

Fuentes: pescados – aceite de hígado de pescado – yema de huevo

Causas carenciales: el plomo contenido en ciertos insecticidas es un violento antagonista de la vitamina D, así como una hormona sintética utilizada en medicina: la testosterona; la falta de sol condiciona la síntesis de la vitamina D; la cocción la destruye en parte; el aceite de parafina impide su reabsorción; los medicamentos antiepilépticos son antagonistas de la vitamina D

Efectos: facilita la absorción del calcio en el intestino

Contraindicaciones: hipercalcemia, cálculos renales; una sobredosis (superior a los 2000 mg/día) puede provocar náuseas, vómitos, trastornos digestivos, calambres, dolores de cabeza, descalcificación de ciertos órganos como el corazón, los riñones y los vasos sanguíneos

Alimentos ricos en colina

(ex vitamina B7)

Fuentes: verduras en hojas – germen de trigo – lecitina

Efectos: emulsiona las grasas, previene la acumulación de grasa en el hígado y participa en la formación de un neurotransmisor fundamental para el cerebro: la acetilcolina, que contribuye en el fenómeno de la memorización

Alimentos ricos en magnesio

Fuentes: almendra – nuez – higo – pescado – marisco – leguminosas – brócoli – verduras – cereales integrales – chocolate – aguas minerales como Hépar, Badoit, Contrex

Causas carenciales: tabaco, café, alcohol, secreción masiva de adrenalina por exceso de estrés, la píldora, las grasas saturadas, el ácido fítico (contenido sobre todo en el pan integral sin levadura), los problemas intestinales (sólo el 30% de los aportes son absorbidos por los intestinos).

Cofactores: vitaminas B, taurina

Efectos: antiestrés, depresión, ansiedad, espasmofilia, insomnio, hormigueo de las extremidades, hiperexcitabilidad muscular, palpitaciones

Contraindicaciones: cuidado con no tomar suplementos en caso de insuficiencia renal o cistitis

Alimentos ricos en boro

Fuentes: nueces – leguminosas – brócoli – frutas (una manzana contiene aproximadamente 0,5 mg de boro) – miel

Efectos: actúa sobre la actividad eléctrica del cerebro y lo vuelve más alerta y vivaz

Alimentos ricos en litio

Fuentes: remolacha – zanahoria – col – lechuga – tomate – huevo – cereales integrales – verduras – patata – pescado (el filete de arenque con patatas con aceite es muy rico en litio)

Efectos: trastornos maníaco depresivos (introducido en psiquiatría en 1959), fundamental en la regulación del sistema nervioso y del psiquismo; normalmente útil para ayudar al ansioso, el deprimido, el hiperexcitado, quien padece dolores de cabeza o trastornos del sueño

Cuidado: **tóxico en dosis alta**

Alimentos ricos en hierro

Fuentes: lentejas – perejil – yema de huevo – marisco – cacao – cereales integrales – habichuelas blancas (tienen 9 mg de hierro por cada 100 g) – espinaca – ostras – espárrago – col

Causas carenciales: el café y el té disminuyen la absorción intestinal del hierro

Efectos: anemia, fatiga física y psíquica, pérdida de la concentración; participa en la formación de neurotransmisores

Contraindicaciones: cuidado, el hierro es un tóxico, un pro oxidante, tiende a acumularse en el hígado con riesgo de cirrosis o diabetes "de bronce"; *¡no tomar suplementos sin consejo médico!*

Alimentos ricos en yodo

Fuentes: cebolla – nabo – rábano – verduras – sal marina – marisco – piña – pescado – ajo – berro – algas

Causas carenciales: suelos carentes de yodo, sobre todo en las regiones montañosas

Efectos: regula la glándula tiroides, glándula de la emoción, participa en la maduración del cerebro y estimula la autoconfianza, previene la alienación mental y la depresión nerviosa, y es el oligoelemento de los intercambios amorosos

Alimentos ricos en calcio

Fuentes: lácteos – brócoli – semilla de sésamo – cereales integrales – sardinas en lata

Efectos: interviene en la transmisión del flujo nervioso

Contraindicaciones: cuidado, riesgo de hipercalcemia, hipercalciuria y cálculos renales si el aporte supera los 2 g/día en algunos sujetos; se ha de tomar siempre en presencia de magnesio a fin de evitar su acumulación en los tejidos

Alimentos ricos en cinc

Fuentes: pescado – marisco – crustáceos – leguminosas – cereales integrales

Causas carenciales: alcohol, estrés, contraceptivos orales, exceso de calcio y cobre, carencia de fósforo, transpiración importante

Efectos: acción sobre la atención y la memoria...; el cinc inhibe la acción del cadmio, elemento hipertensivo (la acumulación de cadmio en riñones y arterias provoca arteriosclerosis); el cadmio es un elemento pernicioso en el tabaco (los grandes fumadores inhalan hasta 5 mg al año, lo que basta para provocar hipertensión crónica al cabo de diez años)

Resumen de los alimentos según sus efectos psíquicos
(lista no exhaustiva y a título informativo)

Sustancias alimentarias susceptibles de incrementar la atención y estimular la actividad psíquica

café, té, proteínas, alimentos que contengan boro (nuez, frutas, leguminosas, brócoli), hierro (lentejas, perejil, yema de huevo, marisco, cacao, cereales integrales, habichuelas blancas), vitaminas B (véase la sección correspondiente), cinc (pescados, mariscos, crustáceos, leguminosas, cereales integrales)

Sustancias alimentarias susceptibles de debilitar la atención y la actividad psíquica

glúcidos –si se ingieren solos–, materias grasas, alcohol

Sustancias alimentarias susceptibles de convertirse en antídotos para la depresión y los estados depresivos

vitaminas B3 (carnes blancas, pescados, cereales integrales, germen de trigo, verduras, frutas frescas, frutos secos [dátiles, higos]...), selenio (nuez de Brasil, pescado, marisco, cereales integrales), ajo, café, lecitina

Sustancias alimentarias susceptibles de ser remedios naturales contra la ansiedad y el estrés

alimentos azucarados, hidratos de carbono

Sustancias alimentarias susceptibles de estimular la ansiedad y el estrés

alcohol

Sustancias alimentarias susceptibles de facilitar los intercambios amorosos

cinc, tirosina, arginina, colina, histidina, extracto de avena

Antioxidantes y salud *psíquica*

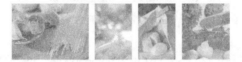

Gran consumidor de oxígeno, el cerebro está formado principalmente por grasas. Por lo tanto, hay peligro de oxidación: "se herrumbra", con formaciones de radicales libres que pueden ser la fuente de numerosas perturbaciones del comportamiento e incluso mentales.

Los *radicales libres** son átomos o moléculas que poseen un electrón libre en el último nivel de energía orbital (periférico). Estos radicales libres tienen una vida media muy breve (diez millonésimas de segundo) y son muy inestables y reactivos.

Sin embargo, hay que recordar que la producción orgánica de estas moléculas es normal, en ciertas proporciones. Desgraciadamente, en ciertas circunstancias endógenas o exógenas, esta fabricación de radicales libres a veces supera las normas fisiológicas.

El exceso o carencia de enzimas (como la peroxidasa de glutatión, las catalasas o mutasas), o de vitaminas (C y E) o

---

* Véase Brun, *Le diabète exactement.*

minerales (por ejemplo, selenio) puede ser la fuente de diferentes estados patológicos. Se trata de una especie de envejecimiento prematuro o decrepitud...: el organismo "se herrumbra", tanto física como mentalmente.

El punto de partida de la génesis de los radicales libres es el oxígeno. Este oxígeno que respiramos es indispensable para la vida, pero también es fuente de radicales libres.

Todo el mundo sabe que el oxígeno del aire es responsable de la herrumbre del hierro y de las grasas...

– Los radicales libres pueden atacar así el núcleo de la célula y sus constituyentes como el ADN (ácido desoxirribonucleico), soporte genético y elemento primordial de la vida celular y que constituye la memoria, el cerebro, la misma sustancia de la vida; los radicales libres pueden provocar desperfectos o mutaciones en los cromosomas. Si estos elementos fundamentales se ven afectados, se observa una multiplicación anárquica de las células, privadas de un principio rector.

– Los radicales libres también alteran las cavidades de las articulaciones y oxidan el líquido sinovial.

– La membrana celular y sus constituyentes lipídicos también son víctimas potenciales: la peroxidación de los ácidos grasos de las membranas hace frágil la cadena de carbono que, al romperse, libera dialdehído malónico. Al reaccionar con las proteínas provoca, entre otras, la lipofuscina, un pigmento pardusco (manchas parduscas en la piel).

– Estos radicales libres también pueden afectar al colágeno de la piel y provocar un envejecimiento cutáneo prematuro, con pérdida de flexibilidad, resistencia e hidratación y aparición de manchas parduscas.

– Otra manifestación patológica que tiene su origen en los radicales libres es la inflamación de las cavidades articulares: la sinovia se oxida debido a la presencia de radicales libres en la articulación. Esta oxidación destruye las virtudes lubrificantes. En este caso, disminuye la movilidad de la articulación y aparece la inflamación.

– Los radicales libres también pueden atacar a las proteínas celulares y alterar así las funciones enzimáticas y hormonales.

– Lo que es aún más grave y en la actualidad constituye una vía de investigación que no conviene abandonar es el hecho de que los radicales libres ejercen una actividad inmunosupresora, especialmente en el caso del sida.

– El estrés también es un factor generador de radicales libres debido a que nuestro organismo debe adaptarse y acomodarse a él, y para ello consume sus reservas de minerales, vitaminas y enzimas. Además, enfrentarse cada día, cada minuto, al estrés que caracteriza a nuestra sociedad actual exige respuestas rápidas y precisas de nuestro sistema nervioso, endrocrino e inmunitario.

– El eje fundamental de esta adaptación se ubica en una zona neurohormonal situada en la base del cerebro: el hipotálamo. Esta zona recibe la sensación de estrés y envía informaciones y órdenes (*realising factors*) a la hipófisis anterior, que a su vez segregará una corticotrofina (ACTH), así como la hormona del crecimiento (STH).

La génesis de los radicales libres es difícil de delimitar con exactitud.

Conviene señalar que sólo es patológico el brusco aumento de la cantidad de radicales libres que superan los mecanismos fisiológicos de protección. En nuestro organismo ciertas reacciones fisiológicas se acompañan de la producción de radicales libres, como por ejemplo la síntesis de las prostaglandinas.

Sin embargo, sabemos que los factores siguientes son agentes que desencadenan la formación de radicales libres: *la polución atmosférica, el humo del tabaco, el estrés reiterado y mal gestionado, el alcohol, los aceites cocidos, fritos o refinados, el consumo abusivo de AGPI, los rayos UVA (exposición excesiva al sol), el abuso de ejercicio físico, la radiactividad (independientemente de su fuente), las infecciones reiteradas o crónicas (con estimulación de los macrófagos, polinucleares neutrófilos y monocitos debido a la activación complementaria), la medicación intensiva (quimioterapia, terapia con antibióticos...), los productos químicos (herbicidas, pesticidas...), el ozono, las carencias vitamínicas (A, E, C...) y minerales (selenio, hierro, cinc...), etc.*

Como conclusión, podemos decir con certeza que los radicales libres atacan a nuestras células nerviosas y en general privan a todas nuestras células de los elementos que les permiten defenderse de ellos. Nos encontramos en un círculo vicioso, del que sólo podremos salir tomando conciencia de los verdaderos valores humanos: los del corazón.

Como hemos visto, los elementos naturales que permiten luchar eficazmente contra estas moléculas inestables o neutralizarlas son las enzimas, vitaminas, oligoelementos y antioxidantes. Pero también disponemos de complementos alimentarios muy útiles en períodos difíciles.

El ácido alfa-lipoico

Según algunos investigadores norteamericanos, sería el antioxidante universal, sintetizado a partir de un aminoácido: la cisteína. Hay estudios que demuestran que el ácido alfa-lipoico preserva las células de la oxidación (excito-toxicidad), como por ejemplo en las enfermedades degenerativas (Parkinson, Alzheimer).

¡El ácido alfa-lipoico: un antioxidante universal! Es una sustancia "condicionalmente esencial", normalmente sintetizada por el organismo. El ácido alfa-lipoico posee una poderosa acción metabólica y antioxidante. Desempeña un papel en la producción energética a partir de los alimentos. Al facilitar la conversión del azúcar en energía y ayudar a mantener el nivel del azúcar sanguíneo, el ácido alfa-lipoico es favorable a la intensidad del ejercicio físico y a la resistencia.

Por otra parte es interesante en la reducción de la glucación, proceso durante el que la glucosa reacciona con otros elementos ocasionando daños a las proteínas, tan perjudiciales como los causados por los radicales libres en el proceso de envejecimiento.

El ácido alfa-lipoico es un poderoso antioxidante gracias a su capacidad para neutralizar los radicales libres. Lo que refuerza la posibilidad que tiene de reciclar las vitaminas C y E y el glutatión...

Este texto (puesto a disposición por Solgar) es lo suficientemente explícito para comprender el interés de un suplemento de antioxidantes para prevenir las patologías psíquicas.

Las proantocianidinas

Las proantocianidinas (OPC) forman un grupo de antioxidantes naturales pertenecientes a la familia de los bioflavonoides (vitamina P).

Los bioflavonoides son los miembros más conocidos de la familia de los polifenoles, un grupo de sustancias no tóxicas omnipresentes en el reino vegetal, de las que se han identificado 4000 variedades (de las más de 20 000 existentes). Son los pigmentos que confieren a las plantas y frutos su gran variedad de colores, aromas y sabores. Los bioquímicos dividen los bioflavonoides en diferentes clases de compuestos: *proantocianidinas, antocianidinas, flavanas, flavonas, flavononas, flavonoles, flavononoles, leucoantocianidinas y catequinas.*

Las investigaciones realizadas en el curso de los últimos años han señalado que ciertos miembros de la familia de los bioflavonoides potencian la vitamina C de manera muy eficaz. Este tipo de sustancias, no tóxicas, solubles en el agua y de una gran biodisponibilidad, se distinguen de los otros bioflavonoides y se integran en la familia de las proantocianidinas.

El descubrimiento científico de las proantocianidinas en los años sesenta se debe al profesor Masquelier, que denominó *picnogenol* a una mezcla de estas sustancias.

Los bioflavonoides presentes en el picnogenol son extractos de la corteza del pino de las landas (*Pinus marítima o Pinus pinaster*), pero determinados vegetales como la vid (sobre todo las pepitas de uva) son fuentes interesantes de proantocianidinas.

Las *antocianidinas* (ginkgo biloba) y las *catequinas* (té verde y vino rojo) ejercen una acción especial de protección de los capilares cerebrales y de la barrera encefálica. En otras palabras, previenen la permeabilidad excesiva de los capilares y son especialmente eficaces para detener el paso de sustancias perniciosas hacia el cerebro.

Ahí donde sufre el espíritu, el cuerpo también sufre.

Paracelso

Quiero que la muerte me encuentre plantando coles.

Montaigne

Composición de ciertos alimentos, especias, plantas aromáticas
y *medicinales*

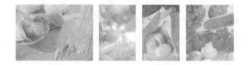

La propia composición de los alimentos, especias o plantas aromáticas y medicinales, y su principio activo pueden determinar ciertos comportamientos relacionales o una modificación de la personalidad.

Alimentos

– La *lechuga* contiene un elemento activo, la lactucina, que procura un apaciguamiento nervioso (no obstante, habrá que tomar dos corazones de lechuga diarios para sentir los efectos). También contiene pequeñas cantidades de hosciamina, que puede provocar somnolencia. Los pitagóricos la llamaban "la planta de los eunucos".
– Por el contrario, ciertos *quesos fermentados*, el *plátano*, los *embutidos*, las *vísceras*, la *carne de buey*, la *nata*, los *yogures*, la *cerveza*, determinados tipos de *vino* o la *salsa de soja*, por citar sólo unos ejemplos, contienen tiramina

y son excitantes, con las consecuencias orgánicas, psicológicas y de comportamiento que derivan de ello.

- La *leche* estimula el sueño gracias a su triptófano. Lo mismo ocurre con el *pavo*, el *pollo de granja*, los *plátanos*, *higos*, *nueces* y *piña*, que se pueden calificar como antidepresivos.

- Los *huevos* contienen colina, que es una sustancia calmante.

- Los *mangos*, esos bellos frutos henchidos de sol, conservan, como principios activos, ácido anacárdico y anacardiol, que pueden prestar grandes servicios en caso de depresión.

- Las *sandías* bajan la tensión arterial y relajan gracias a la cucurbocitrina.

- El *hinojo* contiene fenchona y pinena, lo que le aporta su efecto estimulante.

- Los *moluscos* (presencia de sustancias semejantes a las hormonas sexuales) y los *pescados*, que contienen mucho yodo, favorecen los intercambios amorosos porque el yodo ejerce una acción estimulante en la glándula tiroides, provocando un aumento de las secreciones tiroidianas que agudizan la libido.

- Las *granadas* contienen peletierina, que provoca sensiblemente los mismos efectos calmantes que la mescalina del peyote (cactus mexicano también conocido como planta divina). Algunos atribuyem efectos sobre el "tercer ojo" a este principio activo.

- El *rábano*, el *rábano blanco*, las *coles* y el *brócoli* contienen tiuracil y ejercen una acción antitiroidiana. Parece que esto también se aplica a los *guisantes*, la *soja*, el *maíz*, las *cebollas* y los *puerros*.

– Las *zanahorias*, además de su conocido contenido en vitamina A, ejercen una acción estrogénica (en 1975 el *New York Times* citó el caso de un pueblo donde el consumo de zanahorias y semillas de zanahoria era tal que sus efectos eran comparables a la píldora anticonceptiva: había disminuido la tasa de natalidad). Son ligeros estimulantes sexuales para las mujeres y calmantes para los hombres.

– Los *tomates* contienen tomatina y triptamina, que pueden provocar somnolencia e incluso alucinaciones.

– El *glutamato monosódico*, condimento utilizado en la cocina china, provoca el síndrome del restaurante chino (picor, transpiración, dolor de cabeza, alergias, somnolencia...). En algunas personas puede ser causa de depresión. ¡Si tienes que permanecer despierto por la noche o si decides invitar al restaurante a tu última conquista, evita la alimentación china!

– Los *vinos* contienen muchos compuestos. Su porcentaje de alcohol es un indicador muy interesante: los vinos con poca graduación son ligeramente estimulantes al principio y más tarde calmantes, mientras que los de graduación alta son muy calmantes y aun soporíferos.

En general, el vino contiene ácido gamma-amino-butírico, cuyos efectos son inhibidores. Así, el borgoña tiene un poder calmante superior al burdeos. En cuanto al *champán*, debido a la transformación de la tirosina en tiramina, tiene un efecto estimulante que favorece la conversación, lo que explica por qué se utiliza en fiestas o en ciertas circunstancias particulares.

El *vino blanco*, y especialmente el chablis, acompaña muy bien a las ostras. Se cree que el chablis es más rico en yodo debido al suelo en que se cultiva; despierta así la glándula tiroides. Un plato de ostras (ligeramente afrodisíacas) regado de chablis es una comida excitante.

– La *cerveza* ejerce una acción estrogénica debido a la presencia de lúpulo, pero también es un sedante (lupulona y humulona).

Especias

– El *romero*, planta reputada por su acción en el órgano noble, el hígado, también es un excelente afrodisíaco. Cuidado con no hacer un uso excesivo, bajo el riesgo de hipertensión y cirrosis. Sin embargo, puedes aromatizar carnes a la parrilla, pescados o cereales.

– La *ajedrea*, excelente planta que posee virtudes antisépticas, con la reputación no usurpada de ser un excelente afrodisíaco.

– El *clavo*, cuyo olor a algunos les trae malos recuerdos dentales, también es una especia afrodisíaca que neutraliza el cansancio.

– La *pimienta*, con su piperina, es un estimulante ligero y un euforizante.

– La *nuez moscada*, que contiene miristina en una dosis débil, también es un ligero estimulante que procura un estado expansivo. Consumida en abundancia (dos nueces), su efecto es alucinatorio.

– El *perejil*, además de contener mucha vitamina C gracias a su apiol, produce un efecto calmante y sedante.

– El *azafrán* (*Crocus sativus*), con su principio activo, la picrocrocina, es un estimulante y aun un afrodisíaco.

– El *cilantro*, gracias a su coriandrol, es un estimulante ligero.

– La *canela*, con su cinamaldehído, es un reputado afrodisíaco, en mi opinión subestimado.

Plantas medicinales

(textos ofrecidos por la sociedad La Royale)

La **valeriana**

Historia de la planta: planta herbácea vivaz, posee una raíz gigantesca y una corta cepa que da nacimiento a un tallo anguloso con hojas opuestas y pinadas. El tallo termina en un corimbo de pequeñas flores blancas y rojizas. El fruto es un aquenio agridulce. La especie se extiende por Europa, Asia y América. A veces alcanza los dos metros y es una planta de porte majestuoso, con hojas elegantes y flores pequeñas y numerosas. Crece en los claros y sotobosque de toda Francia. El perfume característico de su raíz ejerce una gran atracción en los gatos, que se frotan con ella con placer. Esto explica su sobrenombre de *hierba de los gatos*. Es una planta medicinal muy antigua, como recuerda su nombre científico derivado del latín *valere*, portarse bien. La valeriana se cultiva en campo abierto. El segundo año se arrancan las raíces (*Radix valerianae*), que se limpian y lavan rápidamente (sin pelar ni raspar), eventualmente se las corta y se las deja secar. Al secarse, la raíz cobra su olor penetrante, que emociona a los gatos incluso a distancia. La raíz seca contiene entre un 0,5 y 1% de aceite esencial rico en pinena y camfeno, alcaloides, ésteres de ácidos orgánicos, ácido valérico e isovalérico, taninos y jugos amargos.

El descubrimiento: la valeriana se utiliza desde la antigüedad romana por sus propiedades sedantes y relajantes. En el siglo I d. de C., Dioscórides la llamó *phu*, según la palabra griega que significaba "olor desagradable", y Plinio ya la menciona en sus obras. Conocida como un remedio universal en la Edad Media, se consideraba que la valeriana estaba especialmente indicada para curar la epilepsia. En 1592, Fabius Calumna publicó una obra detallada sobre herboristería en la que afirmaba haber curado esta enfermedad gracias a la valeriana. Pero sólo en el siglo XVI se reconocerán las propiedades que cimentan su reputación actual. Desde hace unas décadas esta planta es cada vez más popular porque combate el estrés, enfermedad del siglo XX. Distiende la tensión nerviosa y la ansiedad, y proporciona un sueño reparador. Los órganos subterráneos proporcionan los principios activos: son ricos en ácido valérico y aceites esenciales con propiedades sedantes y relajantes.

En provecho de los hombres: todo el mundo conoce su olor mareante, que excita y enamora a los gatos. Por el contrario, para el hombre es un buen tranquilizante natural porque no debilita ni embota la mente, como muchos tranquilizantes químicos. Además, no crea dependencia.

Los remedios basados en la valeriana atenúan la irritabilidad nerviosa, los trastornos cardíacos de origen nervioso y los calambres. Se utilizan en caso de depresión nerviosa, cansancio, agotamiento intelectual e insomnio crónico. En Alemania y Suiza ciertos estudios amplios han establecido que la valeriana favorece y mejora el sueño además de bajar la tensión arterial debida al estrés y la ansiedad.

La valeriana templa la hiperactividad cerebral y el nerviosismo. Trata la mayoría de los trastornos relacionados con el estrés. En general ejerce un efecto calmante más que directamente sedante sobre el sistema nervioso. Alivia los diversos síntomas de la ansiedad, como los temblores, el pánico, las palpitaciones y la transpiración. Cura eficazmente los insomnios que se deben a la ansiedad o al nerviosismo, el asma, los cólicos, la irritación del colon, los dolores menstruales, los calambres, y relaja los músculos de hombros y cuello. En las curas de desintoxicación del tabaco, evita el nerviosismo y la angustia del proceso y confiere un sabor desagradable al tabaco. Además, forma parte del programa fitoterapéutico para dejar de fumar.

El *hipérico* (*Hypericum perforatum*), planta actualmente de moda por su acción antidepresiva, que la compara y opone comercialmente al Prozac®; aumenta la tasa de melatonina y mejora la calidad del sueño.

Historia de la planta: esta planta, que florece entre julio y septiembre en los linderos de los campos, al borde de los senderos, en la linde de los bosques, en colinas y prados, recibe nombres populares: *hierba de los mil agujeros, hierba perforada, hierba de las picaduras* o *ahuyenta-diablos*. El hipérico debe uno de sus nombres (*millepertuis*) a las múltiples bolsas excretoras que lleva en las hojas y que dan la impresión de ser agujeros minúsculos. Alcanza una altura de 25 a 60 cm, posee tallos ramificados y flores amarillas. Se lo reconoce fácilmente si aplastamos una flor abierta: derrama un jugo rojo. La planta se corta en flor al principio del verano, cerca del día de san Juan (en España se conoce como hierba de san Juan).

El descubrimiento: a finales del siglo XIX un científico norteamericano describió una acción benéfica del hipérico en el tratamiento de las depresiones moderadas.

El *kawa kawa*, planta exótica mágica procedente de los mares del Sur, que permite luchar contra el estrés y combatir la ansiedad, sin efectos secundarios como las benzodiazepinas.

Esta variedad del pimentero de la Polinesia, que contiene kavalactones, se utiliza como sedante ligero; favorece una mejor sociabilidad y actúa sobre el cerebro límbico, sede de las emociones. Cuidado: no tomar durante el embarazo, la lactancia y en caso de administración de antidepresivos.

Historia de la planta: se la conoce como "kawa kawa", "kava kava", "kawa", "kava" o "awa"; su nombre latino es *Piper methysoticum*. Planta de origen polinesio, el kawa kawa crece en todas las islas del Pacífico hasta Hawai. La raíz se cosecha durante todo el año. Es un arbusto de 3 m de altura como máximo, con hojas en forma de corazón, fuseladas, que alcanzan los 25 cm de largo. Su sabor especiado, aromático y amargo deja el paladar ligeramente pastoso.

El descubrimiento: en los últimos años los investigadores occidentales se han interesado especialmente en esta planta y han evidenciado las propiedades de las kavalactonas (principios activos del kawa kawa), que actúan contra la ansiedad y el estrés. Los polinesios conocían esta actividad de forma empírica, y ahora acaba de ser demostrada científicamente. Las kavalactonas se fijan en los núcleos grises centrales del cerebro, donde se decide el estado de ánimo y la regulación de los tiempos vigilia-sueño. Las investigaciones continúan y quizá demuestren propiedades calmantes y analgésicas.

En provecho de los hombres: se trata de una asociación notable para el tratamiento de toda depresión importante, la angustia profunda o la ansiedad. El hipérico es una planta muy interesante para aliviar la pérdida pasajera del ánimo. Muchos estudios recientes evidencian un efecto estimulante en el sistema nervioso, que se atribuye principalmente a los componentes activos de la planta, las xantonas.

La raíz del kawa kawa contiene lactonas, que influyen en el sistema nervioso central. Antiespasmódicas, tienen propiedades sedativas y un efecto anestésico en las vías urinarias de la vejiga. Los resultados de un estudio clínico alemán de 1990 muestran que la kavaína es tan eficaz como la benzodiazepina a la hora de tratar la ansiedad, pero sin provocar somnolencia o afectar a los órganos. Constituye un tratamiento de fondo contra el estrés. La combinación de las propiedades ansiolíticas y calmantes influye en la hipertensión, tanto psicológica como relacionada con el estrés.

El *kola*

Historia de la planta: los kola son árboles típicamente africanos que crecen de manera espontánea en los bosques tropicales y se cultivan en las aldeas, donde son los "árboles de palabras" por excelencia. Tiene el aspecto del castaño, sus hojas son de un verde oscuro y sus flores de un blanco amarillento. Sus largas vainas contienen entre cinco y diez granos. El kola se cultiva en los trópicos (Nigeria, Brasil, Antillas). Son los granos, impropiamente llamados "nueces", los que constituyen la parte interesante, pero sólo tres especies poseen virtudes medicinales. Los granos se cosechan una vez maduros, se secan al sol y se les quita el tegumento. Desde tiempos inmemoriales los indígenas de África los utilizan para sostener esfuerzos musculares prolongados.

El descubrimiento: desde hace siglos, el kola y su fruto (la nuez de kola) forman parte de la vida del África occidental y central, donde se muele el grano por sus propiedades digestivas, tónicas y afrodisíacas. Probablemente fue introducido en las Antillas por los esclavos africanos. Ha sido ampliamente promocionado por la Coca-cola americana, que contiene algunos extractos. En todos los sentidos es una planta cuyos efectos tónicos son comparables a los provocados por las hojas de coca mascadas por los peruanos. La composición química de la nuez de kola fue estudiada a partir de finales del siglo XIX. Los principios activos más interesantes son los flavonoides, que le confieren una acción vitamínica P, la cafeína (de 1,5 a 2,5%) y la teobromina, que explican su acción tonificante y contra el cansancio intelectual y físico.

En provecho de los hombres: el kola estimula el sistema nervioso y el organismo en general. Favorece la tonicidad muscular y combate la letargia. Los anglosajones lo utilizan como antidepresivo, en especial durante los períodos de convalecencia que siguen a una enfermedad crónica. Como el café (*Coffea arabica*), el kola alivia los dolores de cabeza y las migrañas. En realidad, la cafeína se combina con los taninos presentes en el grano, lo que le permite ejercer una acción prolongada en el tiempo, de ahí el interés por el polvo molido que aporta al organismo todos los constituyentes y que evita los efectos a veces brutales y nefastos de la cafeína. Una de las mayores virtudes de la planta molida es permitir la biodisponibilidad y la acción de los principios activos. La nuez de kola también es utilizada por sus flavonoides porque favorece la microcirculación y asegura una mejor irrigación sanguínea de los tejidos.

La tradición reconoce las propiedades de la nuez de kola tanto en el aspecto físico e intelectual como en el terreno sexual, gracias a su riqueza en cafeína y teobromina. En caso de fatiga, el kola permite que nos beneficiemos de todas sus cualidades reconstituyentes. La asociación del ginseng y el kola es ideal para recuperar una tonificación excepcional y luchar eficazmente contra el desfallecimiento.

El análisis del grano revela la presencia de alcaloides, sobre todo cafeína y teobromina, de propiedades estimulantes. Es diurético y astringente. Apreciado tanto por los hombres activos como por los intelectuales, el grano de kola es un excitante físico y psíquico muy útil en caso de fatiga.

Muchas de estas plantas se encuentran, solas o en asociación con otras plantas o elementos, en forma de cápsulas vegetales en las tiendas especializadas (dietéticas, parafarmacias, etc.) o en venta por correo.

Se requieren diversas condiciones para sentir los efectos de los alimentos en nuestro comportamiento y personalidad:

— Ningún alimento es malo en sí mismo; sólo la cantidad, en una proporción elevada y reiterada, puede influir en nuestra salud psíquica.
— Algunos alimentos pueden ser depresivos en dosis elevadas y euforizantes en dosis mínimas, y a la inversa.
— Ser sensible a determinado principio activo o carencia.
— Estar predispuesto al cambio (así, una persona que padece una disfunción de la tiroides tendrá que reducir su consumo de alimentos antitiroidianos).
— También hay que tener en consideración la calidad de los alimentos (ciertas frutas y verduras tratadas en exceso, almacenadas o congeladas por razones económicas no contienen los principios activos y no presentan ningún interés para la salud psíquica).
— La preparación de los alimentos también es importante (una alimentación a base de productos tostados, con una cocción excesiva o muy grasa no tendrá la misma repercusión en nuestra salud mental que una alimentación sana y cocinada con sabiduría).
— Preferir los alimentos de la tierra que se adaptan mejor a los habitantes locales.

Los complementos
alimenticios

Algunos complementos alimenticios son alimentos de primera calidad para nuestra salud mental. Citemos sucintamente:

Las *algas*, que poseen una gran riqueza mineral:

– magnesio	760 mg/100 g
– calcio	1093 mg/100 g
– potasio	5273 mg/100 g
– sodio	3007 mg/100 g
– hierro	100 mg/100 g
– yodo	150 mg/100 g

El yodo desempeña un papel importante en la célula tiroidiana, muy sensible a esta sustancia: una insuficiencia tiroidiana predispone a los trastornos psíquicos.
En general las algas son muy nutritivas y remineralizantes; refuerzan la inmunidad natural, estimulan las glándulas endocrinas y los intercambios metabólicos.

La lecitina

La lecitina forma parte de los ácidos grasos poliinsaturados. Es el antídoto del colesterol: emulsiona esta sustancia rompiéndola en pequeñas partículas que la sangre transporta al hígado para que se degraden y eliminen.

El neurotransmisor acetilcolina se sintetiza en parte gracias a un aporte de colina, y por tanto de lecitina. Según ciertos investigadores norteamericanos, un suplemento de lecitina y fosfadidilcolina habría arrojado resultados positivos en patologías como el Alzheimer o la corea de Huntington (enfermedad hereditaria que en el adulto se manifiesta por la asociación de trastornos mentales –impulsividad, agresividad o depresión– y movimientos coreicos lentos).

En la actualidad, la lecitina, la fosfadidilcolina, el ginkgo biloba y la tirosina despiertan la atención de los investigadores, que estudian la influencia del régimen alimentario en el comportamiento y la memoria.

La lecitina está presente en todas nuestras células, pero más especialmente en las cerebrales (entre el 17 y el 20%); también se la encuentra en el líquido cefalorraquídeo, la sangre, la médula ósea y las capas de mielina del sistema nervioso.

Fuentes: huevo (no frito), soja, leche y sus derivados, nueces, aceites vegetales...

Como complemento alimenticio, la lecitina no es tóxica hasta una dosis de 20 000 mg/día.

El polen

El polen es la semilla masculina de las flores y es muy eficaz para tratar la neurastenia (hipotonía muscular y arterial, disminución de las secreciones glandulares con cefaleas, dispepsia, insomnio, cansancio intenso, tristeza, aprensión, indecisión...).

La composición del polen es muy interesante: contiene proteínas, numerosas vitaminas y minerales (hierro, cobre, potasio, sodio, magnesio, calcio).

Desencadena una sensación de euforia y bienestar en el organismo, y estimula el optimismo, el dinamismo y la autoconfianza.

La avena

En forma de copos o harina, la avena es un reconstituyente y fortificante gracias a sus componentes: avenacósida, flavonas, avenina, vitamina E y gramina, un alcaloide. Tiene reconocidas propiedades antidepresivas y como tónico nervioso, además de estimular la glándula tiroides.

El guaraná

Planta amazónica compuesta de adenina, guanina, guaranina, y un buen número de minerales y vitaminas que le confieren propiedades afrodisíacas y estimulantes.

La fosfatidil-colina (precursor de la acetilcolina)

Es una fuente natural de colina y lecitina. La colina ayuda a hacer circular las grasas y el colesterol, y previene su acumulación anormal en el hígado. La fosfatidil-colina es el mejor suplemento para aumentar la elaboración de un neurotransmisor, la acetilcolina, de gran importancia en las múltiples funciones fisiológicas. La acetilcolina influye en el buen funcionamiento cerebral y la memoria, pero disminuye con la edad y la enfermedad de Alzheimer.

Al consumir más colina y lecitina podemos retrasar el envejecimiento cerebral y de las funciones mentales. Desde el punto de vista alimentario, esto es capital para los apasionados de la dietética y la nutrición que se imponen regímenes sin grasa... y sin placer.

Por otra parte, esta sustancia es uno de los constituyentes más importantes de la membrana de la célula. Ayuda a las células a mantener un buen intercambio intra y extracelular preservando la flexibilidad de las membranas celulares. En este fosfolípido se reconocen grandes beneficios para la función hepática: activa la regeneración del hígado.

La **fosfatidilserina**

Es uno de los constituyentes de las membranas de las células nerviosas, cuya fluidez permite, lo que mejora los intercambios y su correcto funcionamiento. Además, la fosfatidilserina permite que las células nerviosas conserven sus receptores activos y en número suficiente, favoreciendo así una mejor transmisión del flujo nervioso. Es un conjunto de grasas asociadas con el ácido fosfórico y la serina, un aminoácido.

L-5-hidroxitriptófano (5-http)

Cada año millones de personas acuden a consulta por depresión o trastornos del sueño. La depresión se manifiesta en una fatiga crónica, variaciones del apetito, trastornos del sueño, dolores de cabeza, nerviosismo, irritabilidad, angustia, una pérdida de interés o de placer en el ocio, complejos y un sentimiento de inferioridad.

Los insomnios, es decir, los reiterados trastornos del sueño, noche tras noche, pueden suponer la imposibilidad de dormirse o el despertar durante la noche y la incapacidad para volver a conciliar el sueño. Los episodios de depresión e insomnio forman parte de la vida normal, pero cuando estos trastornos empiezan a imponerse de un modo importante e incesante, se hace indispensable un tratamiento.

Para muchos, los medicamentos antidepresivos y los somníferos son una terapia esencial, pero a menudo se acompañan de efectos secundarios tóxicos.

Existe una alternativa conocida como L-5-hidroxitriptófano o 5-http, procedente de la semilla (no más grande que un grano de café) de una leguminosa que crece en África, la *Griffonia simplicifolia*. Esta planta ha sido objeto de importantes investigaciones por sus efectos en los niveles de serotonina del cerebro. La serotonina es un neurotransmisor fundamental implicado en diversas funciones cerebrales. Niveles bajos de serotonina se asocian a la depresión, el insomnio, las compulsiones obsesivas y los problemas relacionados con la alimentación (anorexia, bulimia).

Los investigadores han demostrado que la *Griffonia simplicifolia* actúa proporcionando al organismo 5-http, un aminoácido que atraviesa la barrera cerebral para convertirse en serotonina (5-hidroxitriptamina) mediante un procedimiento natural.

Así, el 5-http procedente de la *Griffonia simplicifolia* constituye un procedimiento natural para aumentar la tasa de serotonina en el cerebro.

Como el objetivo de esta obra no consiste en ofrecer recetas o indicar una lista de complementos alimenticios para el consumo sin ser conscientes de que la alimentación diaria y las condiciones psicológicas en que se ingieren estos alimentos son las primeras reformas que tenemos que efectuar para incrementar, conservar o adquirir una mejor salud psíquica, detenemos aquí nuestras apreciaciones en este sentido. Sin embargo, señalemos que hay otros muchos alimentos y complementos alimenticios que pueden ayudar eficazmente a las personas sumidas en un *impasse* psicológico.

Para todos estos productos conviene informarse a través de un médico o naturópata competente, así como en las tiendas especializadas (dietéticas, parafarmacias).

Escucho a mi cuerpo;
me habla sin descanso.

Louis Scutenaire

No volveré a la infancia,
siempre he estado allí.

Tristan Bernard

Estrategia naturopática

Edificada a partir de la lógica y el sentido común frente a un cambio de comportamiento o para conservar, adquirir o incrementar una buena salud psíquica

Consejos generales de alimentación e higiene vital

1. No abandonar nunca un tratamiento médico por iniciativa propia, sin el consejo del médico de cabecera.
2. Evitar todo extremismo, integrismo, fanatismo u oscurantismo particular.
3. No olvidar que la naturopatía holística une el cuerpo y el espíritu, las emociones, los pensamientos y las energías. Así pues, conviene gestionarlos adecuada y armoniosamente (tu naturópata te ayudará o recomendará lecturas o direcciones).
4. Evitar picar entre comidas.
5. Procurar masticar bien los alimentos. Es preferible una cocción moderada (al vapor, al horno o al baño María).
6. ¡Cocinar sanamente no quiere decir cocinar tristemente! También es importante velar por el ambiente en el momento de la preparación y del consumo (comer con placer, con tranquilidad, alegría y buen humor, no comer a disgusto si se está preocupado o estresado).
7. *"Amor, placer, gozo, el hecho de compartir, la desculpabilización, la aceptación y la expresión del sentimiento son los ingredientes indispensables que hay que reunir conscientemente para lograr la receta de la Felicidad."*
8. Salvo contraindicación especial, tomar alimentos crudos al principio de las comidas.
9. Consumir frutas frescas preferentemente fuera de las comidas (a las 10 y las 17 horas).
10. Evitar las conservas y preferir los alimentos más frescos posible para beneficiarse de las vitaminas, los minerales, y la energía vital y sutil.
11. Preferir (salvo contraindicaciones) los alimentos integrales y biológicos cuando sea posible y compatible con la vida en sociedad. El sobrecoste de esta alimentación sana se amortizará rápidamente con un aumento del capital de vitalidad/salud.
12. Elegir preferentemente (salvo contraindicaciones) pan integral con levadura y biológico (para tostar ligeramente).
13. Preferir los aceites del primer prensado, vírgenes y biológicos.
14. Evitar tostar los alimentos.
15. *"Desalar, eliminar las grasas, desazucarar"* (P.-V. Marchesseau).
16. Limitar e incluso suprimir los alimentos que restan energías, como el café, el té, el alcohol, la Coca-cola, la soda...
17. Limitar o incluso suprimir los embutidos, vísceras, salsa, caza, crustáceos...

18. Consumir más huevos pasados por agua, pescados frescos y menos carnes rojas.
19. Optar preferentemente por aguas minerales de mineralización débil antes que el agua del grifo y evitar el exceso de líquidos durante la comida.
20. En función del deseo y de la tolerancia personal, utilizar plantas aromáticas frescas y crudas, si es posible.
21. ¡Respirar o fumar: hay que elegir!
22. Saber alternar el trabajo y el descanso.
23. No luchar contra el adormecimiento.
24. Estimular la relajación voluntaria (el arte de no hacer nada: ¡3 gránulos, 3 veces al día!).
25. Facilitar, en función de las disponibilidades, del clima y las posibilidades individuales, una actividad física al aire libre (ante todo, el ejercicio físico debe ser una recreación, un placer, un medio y un momento privilegiado que nos permita restablecer los vínculos íntimos con nuestro cuerpo).
26. Pensar en comprar una centrifugadora y un difusor de aceites esenciales (no ingerir nunca el aceite esencial y procurar que no esté al alcance de los niños).
27. Desterrar los utensilios de cocina que contengan aluminio (tóxico para el cerebro), el microondas, las frituras y la barbacoa.
28. Prohibir la televisión durante las comidas.
29. Evitar los relojes y radiodespertadores de cuarzo (sobre todo en la cabecera de la cama).
30. Piensa en procurarte, o en que te regalen, un libro de cocina alternativa para descubrir otros alimentos y otras recetas sabrosas y sanas.
31. Si deseas hacerte cargo de tu salud/vitalidad, procura hacerte con libros que te instruirán.
32. Facilitar las ocasiones para reír espontáneamente y sentir el bienestar, al menos una vez al día.

El día más perdido es aquel en el que no reímos.

Sébastien Chamfort

Consejos psicoterapéuticos

(según F. y G. Sueur)

Para quien lo desee, es sabio escapar de las trampas generadas por nuestra mente, que anticipa el acontecimiento y domina nuestras emociones.

No se trata de combatir o de negar la mente, sino de amansarla de tal modo que disminuya su hipervigilancia, de manera que las emociones se conviertan en fuente de enseñanza y placer, y no de malestar y sufrimiento.

Así, te encontrarás sensiblemente menos molesto ante cualquier faceta de la vida. Porque el malestar, ya se exprese a nivel corporal a través de la presencia de síntomas o enfermedades, o bien a nivel mental con trastornos de comportamiento o relacionales, a menudo no es sino la expresión de problemas existenciales no resueltos.

Partir al descubrimiento de uno mismo implica reconocer los propios contenciosos emocionales en la autenticidad del instante, aceptar su presencia y desactivarlos mediante la pacificación y el duelo por su apego, tras permitir que las emociones contenidas y retenidas en ocasiones desde largo tiempo se vivan sin temor a la condena o la culpabilidad...

Comprender intelectualmente el origen del malestar es importante, pero no por ello hemos logrado liberarnos. Nos parece que mientras su inscripción emocional, que es corporal, no se haya vivido y pacificado, no puede haber una verdadera liberación de su impronta emocional en nuestros comportamientos cotidianos.

Sólo abordando un trabajo psicocorporal, en el seno de una dinámica de la relación con el otro y el respeto hacia todos, será más fácil alcanzar esta pacificación.

Extracto de la conferencia de Christian Brun

(8 de mayo de 1998 en Lugano, Suiza)

El "terreno" predispuesto a desarrollar enfermedades psicosomáticas es el de los neuroartríticos, que generalmente son introvertidos, seres hipersensibles, permeables al estrés y vulnerables a las ideas.

En cada una de nuestras células existe una larga cadena de ADN (ácido desoxirribonucleico) que vehicula el recuerdo del pasado, y también las debilidades de nuestros padres y abuelos.

Señalemos también que a este "terreno" hereditario hay que añadir los *shocks* psicológicos sufridos durante la infancia e incluso en el período fetal.

De hecho, todos nuestros sufrimientos afectivos están codificados químicamente en nuestro cerebro, y esta memoria afectiva puede inscribirse, por ejemplo, en las fibras del organismo en la forma de tensiones musculares.

En resumen, nuestro cuerpo recuerda esas emociones reprimidas o rechazadas.

Así, hoy sabemos que ciertas frustraciones de la infancia pueden frenar la actividad de la hipófisis y reducir así, por ejemplo, la secreción de la hormona del crecimiento.

Todos somos prisioneros de nuestro pasado en nuestra forma de actuar en el presente y en nuestro comportamiento cotidiano.

Lo que el cuerpo reclama está al alcance de nuestra mano, sin pena ni sufrimiento. En cuanto a lo que exige la pena y el sufrimiento y lo que entristece la vida, no es el cuerpo quien lo desea, sino la perversidad de nuestro espíritu.

Demócrito

Conclusión

La necesidad de tomar nuestras comidas en la tranquilidad y la armonía es una evidencia que cae por su propio peso. Con mucha frecuencia obviamos esta actitud y rehusamos apreciar, en su justo valor nutritivo, el alimento que hemos escogido, a menudo voluntariamente, y que deseamos que nos aporte la salud/vitalidad física y psíquica, así como el gozo del corazón y la paz de espíritu.

Así, si deseas perder el apetito o tener digestiones penosas que te agotarán, si deseas que su comportamiento y personalidad se alteren, hay tres temas de discordia para elegir (con debates animados garantizados): *¡la política, la religión y la medicina!*

- No cabe ninguna duda de que nuestros alimentos redundarán en una mejor salud mental si sabemos escogerlos.
- El hombre no se alimenta exclusivamente de aire y alimentos; también de pensamientos y emociones.
- Si cultivamos pensamientos positivos y optimistas, nuestra salud mejora.

– *¡Un hombre se convierte en lo que piensa!*

No olvidemos la acción de nuestros pensamientos en nuestro sistema inmunitario y en el fenómeno de la autocuración. *Nuestra alimentación diaria debe ser tanto física como mental y espiritual.*

Para obtener una excelente salud física y psíquica es imperativo elegir una alimentación natural, específica y biológica. Alimentemos la mente con pensamientos positivos, creativos, optimistas; practiquemos ejercicio de una forma racional, respiremos profundamente en una atmósfera vivificadora (oxígeno, *prana*, aromas de plantas – aromaterapia), aprovechemos el sol (astro de vida) y escuchemos los sonidos de la naturaleza (musicoterapia).

Si todos vivimos en armonía con las leyes de la naturaleza, si consumimos alimentos de cultura biológica, poco cocinados, si dejamos de introducir toda suerte de sustancias químicas sintéticas (medicamentos, drogas de todo tipo...) en nuestras células, si nos volvemos positivos..., llegará el día en que asistiremos a la desaparición de la mayoría de nuestros trastornos psíquicos, que aprisionan y envenenan nuestro mundo, y por último, la humanidad encontrará el equilibrio y la autorrealización.

La armonía sólo se alcanzará con estas condiciones.

Gracias por tu confianza y por los numerosos testimonios de simpatía y apoyo que recibo en mis conferencias. Debes estar seguro de que obraré para ser digno.

Nota sobre el *autor*

Nacido en 1951, Christian Brun, deportista, apasionado de la gimnasia, se inició muy joven en la cultura física, los masajes y el yoga. Ávido de conocimientos en el dominio de las ciencias médicas y naturales, a los dieciocho años emprendió estudios de naturopatía e higiene vital. Tras ejercer su profesión en Angers y más tarde en París –donde conoció a Daniel Kieffer–, completó su formación de naturopatía general con la aromaterapia y la iridología... También se inició en la simpaticoterapia.

Junto a este perfeccionamiento, Christian Brun organiza conferencias, cursos y cursillos en Francia y el extranjero. Durante cinco años colaboró con una ilustre figura de la naturopatía francesa: Pierre-Valentin Marchesseau (1911-1994).

Apasionado por la anatomía-fisiología, tras profesar esta disciplina, la gimnástica de los órganos y las bioterapias, formó a numerosos naturópatas y obtuvo el título alemán de *Heilpraktiker* en 1986 (Deutsche Paracelcus Schule, Múnich).

Su deseo de instruir y formar naturópatas competentes le llevó a crear, en 1988, el Centro Europeo de Estudios e Investigaciones

Naturopáticas (CEERN) en París, un centro de formación en el que enseñan profesores especializados.

Consciente de su papel como educador y pedagogo, arraigado en su corazón, ha publicado libros de divulgación por cuenta propia (véase más adelante). Es autor de *Le colesterol, mythe ou réalité*, *Le diabète exactement* y *Arthrosies, arthrites et rhumatismes* (editorial Jouvence/Tríos Fointaines).

Junto a D. Kieffer, es coautor de un *Traité de biothérapie* y un volumen doble titulado *Historique de la naturopathie, l'humorisme et le vitalisme*.

Además de su actividad profesional como naturópata, continúa enseñando esta disciplina y sus técnicas en el seno de diversos organismos de formación. Es coordinador de cursos (patología clínica, inmunología, diabetología, reumatología, masaje y técnicas manuales, estrategias naturopáticas...) en el Cenatho de París (Colegio Europeo de Naturopatía Holística Tradicional). También ha sido jefe científico de estudios y coordinador en el Dynamis de Chiasso (Suiza).

Ha completado sus conocimientos y se ha formado en psicoterapia transpersonal y desarrollo psicocorporal junto a Françoise y Gérard Sueur.

Cada año propone cursos profesionales o familiares para sensibilizar al público en la autogestión de la salud.

Tiene como proyecto crear una unidad de formación del público y tiendas biológicas en Fort-de-France (Martinica) y organizar el primer congreso antillano de naturopatía.

Prepara otras obras para el gran público y los estudiantes naturópatas, que abarcarán la naturopatía, la anatomía, la fisiología, las bioterapias, la dietética-nutrición, la endocrinología, los análisis de sangre y orina desde el punto de vista naturopático y una pequeña enciclopedia del sentido común y la lógica naturopática...

Otros títulos de Christian Brun

EN EDICIONES JOUVENCE/TRÍOS FONTAINES
- *Le colesterol, mythe ou réalité?*
- *Le diabète exactement!*
- *Arthroses, arthrites et rhumatismes*

POR CUENTA PROPIA
- *La depression nerveuse*
- *Obesité et cellulite*
- *Alimentation et santé psychique*
- *Stress et immunologie*
- *Les clés d'or d'un bon sommeil*
- *Les pathologies vasculaires*

EN COLABORACIÓN CON D. KIEFFER
Traités de Biothérapies
- tome 1: *Pathologies cutanées*
- tome 2 & 3: *Connaissance de la naturopathie et de l'hygiène vitale, les hommes et les idées d'hier et d'aujourd'hui*
- *Historique et Triangle Médical* (tome 2)
- *Humorisme et Vitalisme* (tome 3)

EN PREPARACIÓN:
- *Les pouvoirs insoupçonnés du foie*
- *Les glandes endocrines*
- *Analyses sanguines et urinaires*
- *Étude anatomique et physiologique du système nerveux*
- *Étude anatomique et physiologique du système digestif*
- *Cours de naturopathie par correspóndanse*
- *Petite encyclopédie du bon sens et de la logique naturopathique*

Bibliografía

Arnold, Roland, *La symbolique des maladies* (Dangles) (trad. cast.: *El simbolismo de las enfermedades*, Barcelona, Obelisco, 2004).

Bourre, Jean-Marie, *La diététique du cerveau* (Odile Jacob).

_____ *La diététique de la performance* (Odile Jacob).

Brun, Christian, *Le colesterol, mythe ou réalité?* (Jouvence/3 Fontaines).

_____ *Le diabète exactement!* (Jouvence/3 Fontaines).

_____ *Stress et immunologie* (editado por el autor).

Cahane, Jean-Pierre, de Narbonne Claire, *Nourritures essentielles* (J'ai lu).

Crabbe, Svetlana, *Anti-deprimé, mode d'emploi* (Marabout).

De Surany, Marguerite, *Pour une médecine de l'âme* (Guy Trédaniel). (trad. cast.: *Para una medicina del alma*, Sant Boi de Llobregat, Ibis, 1992).

Garnier, Delamarre, *Dictionnaire des termes techniques de médecine* (Maloine).

Lesser, Michael (Dr), *La thérapie des vitamines et de l'alimen*tation (Terre Vivante).

Odoul, Michel, *Dis-moi où tu as mal* (Chemins de l'Harmonie).

Pfeiffer, Carl C. y Pierre Gonthier, *Équilibre psycho-biologique et oligo-aliments* (Equilibres aujourd'hui).

Rafal, Serge, *Santé au naturel et complements alimentaires* (Marabout).

Souccar, Thierry, *La revolution des vitamins* (First) (trad. cast.: *La revolución de las vitaminas*, Badalona, Paidotribo, 1997).

_____ *Le guide des nouveaux stimulants* (Albin Michel) (trad. cast.: *La guía de los nuevos estimulantes*, Badalona, Paidotribo, 1999).

Thomas, Jacques, *Les maladies psychosomatiques* (Les guides Santé Hachette) (trad. cast.: *Las enfermedades psicosomáticas*, Barcelona, Salvat, 1990).

Tocquet, Robert, *La biodynamique du cerveau* (Dangles) (trad. cast.: *La biodinámica del cerebro*, Madrid, Susaeta, 1993).

Índice

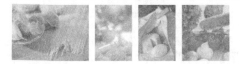